Siegfried Schwarz

Vom Kriminellen zum Kriminalisten

Siegfried Schwarz, Jahrgang 1935, trat 1955 in den Polizeidienst ein. Als er 1988 den Dienst als Hauptmann der Kriminalpolizei quittierte, hatte er in über vierhundert »unnatürlichen Todesfällen« ermittelt. Als Leiter der Morduntersuchungskommission des Bezirks Halle war er federführend bei der Fahndung nach dem Täter im sogenannten Kreuzworträtselmord. In den BEBUG Verlagen erschienen: *Mord nach Mittag und sieben weitere Fälle* (Blutiger Osten, 2012) sowie *Makronenmord und sechs weitere Fälle* (Blutiger Osten, 2017).

Siegfried Schwarz

Vom Kriminellen zum Kriminalisten

Mein Leben als Mordermittler bei der Deutschen Volkspolizei

edition berolina

ISBN 978-3-95841-116-6
1. Auflage

Umschlaggestaltung: fuxbux, Berlin
Umschlagabbildung: Privatarchiv des Autors
Druck und Bindung: GGP Media GmbH, Pößneck

eb edition berolina

Axel-Springer-Straße 52
10969 Berlin
Tel. 030 / 206 109 – 0

www.buchredaktion.de

Inhalt

Vorbemerkungen

Nach dem Erscheinen meines Buches *Mord nach Mittag* im Jahr 2011 machte der mit mir eng befreundete österreichische Bariton Johannes Sterkel den Vorschlag, mit ihm und dem Schauspieler Jürgen Zartmann Lesereisen in die fünf ostdeutschen Bundesländer zu unternehmen. Sowohl mit *Mord nach Mittag* als auch dem Buch *Makronenmord*, das 2017 erschien, haben wir zu dritt eine Vielzahl von Lesungen vor zum Teil ausverkauften Häusern veranstaltet – zuletzt im Januar 2018 in Dresden im *Zirkus Sarrasani* vor mehr als vierhundert interessierten Leserinnen und Lesern.

Es waren illustre Abende: Unterhaltsam anmoderiert von Herrn Sterkel, las Herr Zartmann mit seinem schauspielerischen Können aus dem Buch vor. Nach einer Pause interviewte Herr Sterkel stets mehr als eine Stunde den fiktiven Kommissar Zartmann zu »seinen Fällen« und mich als den echten Kommissar. Den mit viel Beifall bedachten Veranstaltungen folgte beim Verkauf und Signieren der Bücher häufig die Frage: »Herr Schwarz, wann gibt's das nächste Buch?«

In beiden Büchern hatte ich die einzelnen authentischen Tötungsdelikte detailliert beschrieben – ohne die Facetten meines Lebens zu beleuchten. Doch getragen mit dem Gedanken einer Autobiografie hatte ich mich schon seit geraumer Zeit.

1991: Ein Pfarrer aus dem Saalkreis wurde nach der Wende Dezernent im Landratsamt Saalkreis. Weil trotz der politischen Änderung vieles beim Alten blieb, bat ich um einen Termin. Ich erzählte dem Pfarrer meine Lebensgeschichte und alles, was mit der Jagd und dem Rat des Kreises Saalkreis in Verbindung stand. Meine Schilderungen riefen wiederholt Empörung bei meinem Gesprächspartner hervor. Er hörte mir lange zu und bat um die Übergabe meiner gesammelten Beweise und Schriftstücke. Ich zögerte erst. Diese Schriftstücke wollte ich nicht so einfach aus der Hand geben. Schließlich übergab ich ihm die gesamte Akte per Handschlag. Ich sollte ihm für das Studium der Akten drei Wochen Zeit lassen. Während das erste Gespräch bei Kaffee und offenen Ohres geführt worden war, verlief mein zweiter Besuch bei ihm kurz und trocken. Mir wurde kaum ein Stuhl angeboten. Der Dezernent erklärte mir knapp: »Herr Schwarz, am besten, Sie vergessen alles oder Sie schreiben ein Buch darüber.«

Dieses Buch liegt Ihnen, geneigte Leserinnen und Leser, jetzt vor.

Für mehr als ein Jahrzehnt Unterstützung, also vom Kennenlernen bis ins Jahr 2021, gilt mein besonderer Dank meiner Freundin Antje Penk, Kemberg, für ihre Mitarbeit auch an diesem Buch. Dank gebührt zudem meinem Sohn Jens Schwarz, Aschersleben, meinem

Bruder Hubertus Schwarz, Merseburg, Ebs Schäfer, Halle (Saale), und Christian Schmidt, Baasdorf.

Siegfried Schwarz
Wettin-Löbejün, im Frühjahr 2021

I

Montag, 1. April 1935 · Vater, Mutter und Oma Emma · Die Russen – meine ersten Begegnungen · Aussiedlung oder besser gesagt: Vertreibung · Vater kehrt heim!

Montag, 1. April 1935. Gegen Mittag erblickte ich nach einer Hausgeburt, wie damals üblich, das Licht der Welt als Sohn der zweiundzwanzigjährigen Martha und dem drei Jahre älteren Bruno. Beide waren Landarbeiter auf dem größten Hof im Dreihundert-Seelen-Dorf Klemmerwitz im preußischen Landkreis Liegnitz in Schlesien. Neben der Hebamme und Oma Emma, meine Großmutter mütterlicherseits, gab es keine Zuschauer während des Geburtsvorgangs. Vater Bruno war auf der Arbeit gewesen und kam wie üblich pfeifend zum Mittagessen. »Du kommst hier getrommelt und gepfiffen, und hier ist gerade ein strammer Junge zur Welt gekommen! Der wär bald gestorben, weil ihm die Nabelschnur um die Gurgel gewickelt war«, begrüßte ihn Oma Emma.

Nach dem Wochenbett musste meine junge Mutter wieder ihrer Arbeit nachgehen. Nun war es Oma Emma, welche sich um mich Winzling sowie meinen fünf Jahre älteren Bruder Waldemar kümmerte. Sowohl bei der Getreide- als auch bei der Hackfruchternte wurden die Kinder der Landarbeiter, die noch nicht schulpflichtig waren, mit aufs Feld genommen. Die Kleinsten im sogenannten Landauer, einem kleinen vierrädrigen Korbwagen mit Deichsel.

Bis zum Sommer 1939 war die Kindheit ungetrübt. Ich und Vater Bruno hatten ein inniges Verhältnis. Aber eines Morgens im Juli 1939 vermisste ich beim Aufstehen die väterliche Schulter. Ich fragte meine Mutter, wo er denn sei. »Er ist bei den Soldaten«, antwortete sie.

Tatsächlich war mein Vater freiwillig in die Wehrmacht eingetreten und nahm am Überfall auf Polen am 1. September 1939 teil. Anfang des Jahres 1940 kam er für einen längeren Urlaub nach Hause. Das Ergebnis war mein Bruder Hubertus, welcher im November die Familie vergrößerte. Nun musste unsere Mutter allein für ihren Unterhalt und den der Kinder sorgen. Sie arbeitete dafür noch härter auf dem Gut. Noch einmal, und zwar kurz vor dem Russlandfeldzug, kam Vater Bruno auf einen Kurzurlaub nach Hause. Es war das erste Mal, dass er seinen jüngsten Sohn zu sehen bekam. Danach verlor sich seine Spur.

Oma Emma kümmerte sich in dieser Zeit um sechs Enkel, da auch der Ehemann von Marthas Schwester beim Militär war.

Im Spätsommer des Jahres 1944 kamen in immer kürzeren Abständen Militärtransporte durchs Dorf und fuhren Richtung Westen. Auf Lkw wurden verwundete und getötete Soldaten transportiert. Die Durchfahrenden riefen der Familie oft zu: »Haut ab, die Russen kommen!« Sie sollten recht behalten, denn das Dorf Klemmerwitz befand sich nur rund siebzig Kilometer von Breslau entfernt. Diese Stadt wurde im Januar 1945 durch die Rote Armee heftig umkämpft. Der Geschützdonner war bis in unser kleines Dorf zu hören.

Die Lage wurde prekärer. Die Front rückte beinahe täglich näher. So begannen die Landarbeiterfamilien zu packen und traten die Flucht nach Westen an. Auch wir. Bei eisiger Kälte und meterhohem Schnee.

Nur zwei Tage später, im Morgengrauen, erreichten russische Panzer das Dorf, in welchem wir Flüchtenden in einem Saal auf Stroh übernachtet hatten. Wir hatten Glück. Nachdem sich die Russen vergewissert hatten, dass in dem Saal tatsächlich nur Alte, Frauen und Kinder waren, taten sie etwas sehr Menschliches: Sie umfuhren das Dorf in Richtung Westen. Urplötzlich befanden wir uns hinter der Front. Das bewegte unseren Flüchtlingszug, in unser Dorf zurückzukehren. Doch nur wenige Tage später, der Januar war noch nicht zu Ende, hieß es dann endgültig, vor der Hauptfront zu flüchten.

Ein Bauer namens Klose, bei dem Oma Emma wohnte, spannte einen *Lanz Bulldog* an einen Anhänger, mit dem wir dann im Treck bis Aussig (*Ústí nad Labem*) kamen. In einer nahe gelegenen Kleinstadt fanden alle eine Unterkunft. Erst nach dem 8. Mai 1945, dem Kriegsende, trat Bauer Klose mit uns die Heimreise an. Als wir zwanzig bis dreißig Kilometer von unserem zeitweiligen Quartier, der erwähnten Kleinstadt, entfernt waren, stellten sich uns Bewaffnete entgegen. Es können Tschechen oder auch Polen gewesen sein. Sie nahmen uns alles weg: den Traktor, den Anhänger und sämtliche Habseligkeiten, die wir bis zu diesem Zeitpunkt hatten retten können. Nun mussten wir zu Fuß weiter. Nach ewigen Tagesmärschen kamen wir in unserem Dorf, Klemmerwitz, an. Unsere dortige Zweizimmerwohnung auf einem Nebenhof des Gutes, wo meine Eltern jahrelang gearbeitet hatten, war nicht mehr bewohnbar. Wir kamen im Nachbarort unter.

Auf dem Klemmerwitzer Haupthof war nun eine russische Kommandantur eingerichtet. Die leitenden Offiziere und Soldaten setzten sich aus einem bunten Völkergemisch zusammen, Europäer und Asiaten.

Besonders fasziniert war ich von den vielen Reitpferden der Roten Armee. Mein Interesse an den Tieren brachte mich den Soldaten näher. Ich freundete mich mit ihnen an. Im Sommer 1945 durfte ich sogar zusammen mit den Soldaten die Pferde hüten. Ich war inzwischen zehn Jahre alt und fühlte mich groß und fast schon erwachsen.

Im Herbst wurde es richtig spannend. Ich durfte mit den Soldaten auf den Koischwitzer See hinausfahren zum Fischen. Mit einem Schlauchboot ging es auf das ungefähr siebzig Hektar große Gewässer. Eine Handgranate ersparte Angel, Netz und viel Zeit. Nach der Detonation mussten die toten Fische nur noch aus dem Wasser gesammelt werden. Wichtig war dabei, dass man die Handgranate weit genug vom Boot aus ins Wasser warf. Einmal geriet mir der Wurf zu kurz. Die Detonation schleuderte mich aus dem Boot, und ich fand mich im See wieder. Zunächst hielt ich mich mit Hundepaddeln über Wasser. Schließlich gelang es mir, ins Boot zurückzuklettern. Ich habe leider nie richtig schwimmen gelernt.

Klitschnass und frierend kam ich in der Kommandantur unter der Obhut des Soldaten Stjopa an. Stjopa war mein Freund. Er diente mit zwei Kaltblutpferden und einem Kastenwagen als Kurierfahrer zwischen unserem Dorf und dem Güterbahnhof Liegnitz. Oft haben wir gemeinsam Nahrungsmittel und Material für das Personal der Kommandantur vom Bahnhof geholt.

Mein älterer Bruder Waldemar hatte sich mit zwei Soldaten aufs Schnapsbrennen verlegt. Mit Kartoffeln von leerstehenden Grundstücken leistete auch ich einen Beitrag dazu. Dass das Schnapsbrennen illegal war, brauche ich wahrscheinlich nicht zu erwähnen. Die russischen Soldaten wussten, wie man feststellen konnte, ob es sich bei der entstandenen Flüssigkeit um trinkbaren Alkohol handelt: Ein Offizier gab eine kleine Menge davon auf eine Untertasse, zündete diese an und erkannte an der Farbe der Flamme, ob die Sache auf dem richtigen Weg war.

Vertilgt wurde der Schnaps bei lustigen Trinkgelagen. Sie waren oft begleitet von dem Akkordeonspiel eines mongolischen Soldaten. Es wurde auch gesungen und zuweilen sogar getanzt. Die Soldaten zeigten mir die Tanzschritte und forderten mich auf, diese nachzumachen. Ab und zu kam es vor, dass auch ich ein Glas vom Selbstgebrannten trank. Und weil niemand den Namen »Siegfried« richtig aussprechen konnte – schon gar nicht unter dem Einfluss von Alkohol –, hieß ich von da an »Sülfried«.

Im Zusammenhang mit dem mongolischen Akkordeonspieler gab es ein Ereignis, das mich erschütterte: Auf dem Gutshof wurden eines Tages circa zehn bis fünfzehn Reitpferde eingepfercht, um eine rossige Stute aus der Herde zu entnehmen, für die sich ein stattlicher Apfelschimmelhengst interessierte. Als besagter Soldat an die Stute herantrat, um ihr ein Halfter anzulegen, schlug unvermittelt der schöne Hengst aus und traf mit einem Huf voll in das Gesicht des Mongolen, der blutüberströmt zu Boden stürzte und die Besinnung verlor. Blitzschnell wurde ein sowjetischer Militär-Lkw zum Einsatz gebracht, mit welchem man den Verunglückten ins russische Hospital nach Liegnitz transportierte.

Die sprichwörtliche Zähigkeit von Mongolen traf auch voll und ganz auf den Akkordeonspieler zu. Denn gerade einmal vier Wochen waren vergangen, als der stets freundliche und lustige Mann wieder unter uns war. Allerdings waren in seinem Gesicht, vor allem im Bereich der Nase, aber auch an anderen Stellen, zum Teil noch nicht ganz verheilte Wunden sichtbar, die Narben hinterlassen würden.

Während mein väterlicher Freund Stjopa sicherlich der älteste im Personalbestand der Soldaten war, machte ich auch die Bekanntschaft mit einem nur siebzehn Jahre alten Scharfschützen. An seinem mit Zielfernrohr ausgestatteten Gewehr befanden sich links und rechts am hölzernen Schaft, bis zum Gewehrkolben reichend, circa ein Zentimeter lange Kerben. Als ich im Sommer 1945 in unserer nicht mehr bewohnbaren Wohnung im Kleiderschrank eine kurze, schwarze Cordhose fand und auch gleich anzog, brach das Unheil über mich herein. Ich wusste nicht, ob dieses Kleidungsstück zu einer Jungvolkuniform gehörte oder eine Hose meines älteren Bruders Waldemar war, welcher im Kreisverband Liegnitz der Hitlerjugend (HJ) Funktionsträger gewesen war.

Als ich dem Scharfschützen, die besagte Hose tragend, begegnete, schaute er mich mit großen Augen an und fasste mit einer Hand an eines der kurzen Hosenbeine. Er sagte, mich dabei zornig anschauend: »Faschist!« Mit dem ausgestreckten Zeigefinger der rechten Hand zielte er auf mich und drückte diesen Finger. Die gleiche Bewegung machte er, als er mir die am Gewehr eingekerbten Stellen zeigte. Auf einer Reihe von Kerben mit dem Zeigefinger streichend, wiederholte er mehrfach zornig: »Faschist!« Er zeigte mir also die durch ihn erfolgten tödlichen Schüsse auf die Deutschen.

Von umstehenden Soldaten, es kann auch Stjopa gewesen sein, wurde mir verständlich gemacht, dass der Siebzehnjährige im Krieg seine gesamte Familie verloren hatte. Einige Zeit nach diesem Vorfall war der junge Soldat nicht mehr bei der Truppe. Es hieß, er sei nach Hause entlassen worden.

Ich begleitete Stjopa bei allen möglichen Fahrten, Feiern und Gelagen. Stjopa war ein älterer Russe mit dickem Kaiser-Wilhelm-Bart auf der Oberlippe und grauem Haar. Er war für mich zum Vaterersatz geworden. Meine Liebe zu Stjopa ging so weit, dass ich mich im Juni 1946 meiner Aussiedlung widersetzte. »Ich gehe mit Stjopa nach Russland«, erklärte ich meiner Mutter und meinen Brüdern rundheraus.

Durch das Potsdamer Abkommen lag unser Dorf nunmehr auf polnischem Verwaltungsgebiet. Wir Deutsche mussten aussiedeln. Die polnische Verwaltung forderte uns auf, uns auf dem Güterbahnhof Liegnitz einzufinden. Für mich war das keine Zukunft. Ich wollte bei Stjopa bleiben und mit ihm nach Russland gehen. Zweimal riss ich aus. Jedes Mal holte mich mein älterer Bruder zum Teil mit körperlicher Gewalt zurück. Erst nach ausführlichen Gesprächen und guten Worten gab ich mein Vorhaben zumindest vorerst auf.

Der Sammelpunkt »Ziegenteich« lag in Liegnitz, unserer Kreisstadt. Wir verbrachten dort unsere erste Nacht im Freien. Am nächsten Morgen schwamm im Teich die Leiche eines Mannes. Möglicherweise war der Verlust des bisherigen Lebens für ihn Grund gewesen, sich der Aussiedlung durch Freitod zu widersetzen.

Einen Tag später fuhren die Güterwaggons mit uns nach Görlitz, und von dort wurden wir nach Königsbrück gebracht. Unsere Unterkunft war ein mit Mauern umschlossenes Objekt, eine Art Kaserne. Nachdem ich mit Stjopa meinen Vaterersatz zurückgelassen hatte, wurde ich nun auch noch von meiner Mutter und Oma Emma getrennt. Kinder und Erwachsene wohnten in verschiedenen Arealen. Das war zu viel für mich. Der Verlust aller meiner Bezugspersonen machte mich zum Bettnässer. Ich war elf Jahre alt. Das war mir, seit ich zurückdenken konnte, nicht mehr passiert. Ich schämte mich furchtbar. Niemand sollte davon erfahren. Deshalb blieb ich oft so lange im Bett, bis Decke und Laken durch meine Körperwärme halbwegs wieder trocken waren.

In Königsbrück blieben wir nicht lange. Ein Aufteilungsschlüssel teilte uns Mittweida in Sachsen zu. Oma Emma wurde zu einem ihrer Söhne nach Dresden in die Ortschaft Cossebaude geschickt. Meine Mutter, meine beiden Brüder und ich fanden eine Bleibe in einer Baracke, in der bis Kriegsende Fremdarbeiter und Kriegsgefangene untergebracht worden waren. Unsere Tante, die Schwester meiner Mutter, lebte mit ihren drei Kindern ebenfalls in dieser Baracke.

Es war schwer für die beiden Frauen, sechs halbwüchsige Kinder täglich zu ernähren. Daher war meine Mutter erleichtert, als Waldemar, mein älterer Bruder, bei einem Bauern in Mutzscheroda, Kreis Rochlitz, in Lohn und Brot kam. So hatten wir einen Esser weniger. Trotzdem war es schwierig, an Lebensmittel zu kommen. In der Folge habe ich mehrfach bei dieser Großbauernfamilie deren Kühe gehütet und als Lohn Naturalien mit nach Mittweida nehmen können. Oft suchten wir noch nach dem ersten Frosteinbruch nach halbangefrorenen Steckrüben und Kartoffeln auf den bereits abgeernteten Feldern. Wir fanden bei unserer Suche auch erfrorene Kohlrabi, welche natürlich in unseren Säcken und später in Mutters Topf landeten. Die Mahlzeiten wurden in einer Gemeinschaftsküche zubereitet und fielen allzu oft sehr karg aus.

Ende Dezember 1946 bekamen wir zwei Zimmer in einem Dachboden in einem Hinterhaus zugewiesen. Nun wohnten wir im Zentrum von Mittweida, genau genommen am Markt 5.

Die erste Besichtigung unserer neuen Heimstatt war ernüchternd: Es gab keine Öfen und keine Heizung.

Eine Toilette befand sich eine halbe Treppe tiefer, hatte jedoch keine Spülung. Die beiden Zimmer gingen rechts und links von einem kleinen Flur ab, der wenigstens mit Wasser versehen war. Die Wasserversorgung bestand aus einem Wasserhahn über einem trichterförmigen, gusseisernen Becken. Im linken Raum hatte ein vorheriger Bewohner einen Bügeltisch nebst einem Stuhl hinterlassen. Dahinter verliefen Heizungsrohre an der Wand, an die sicherlich auch einmal ein Heizkörper angeschlossen gewesen war. Den hatte jemand offensichtlich gebraucht und mitgenommen. Wenigstens elektrisches Licht war vorhanden.

In dem anderen Raum standen zwei alte, große Holzbetten hintereinander, denn nebeneinander hätten sie keinen Platz gefunden. Mit diesen beiden Betten war der Raum vollständig möbliert. Mehr wäre nicht möglich gewesen, selbst wenn wir Möbel besessen hätten. Wenn man sich an den Kopfenden der beiden Betten vorbeidrängte, konnte man durch zwei Gaubenfenster hinuntersehen. Natürlich nur, wenn man groß genug war. Und ich war das nicht. Ich brauchte dafür einen Stuhl. Trotzdem konnte ich den Himmel und die Sterne sehen. Dafür benötigte ich keine Erhöhung.

Mit dem Einzug in das Hinterhaus wurden wir offiziell zu Einwohnern der Stadt Mittweida und im Einwohnermeldeamt erfasst. Das stellte für uns eine riesige Erleichterung dar und war ein erstes vorgezogenes Weihnachtsgeschenk dieses so schrecklichen Jahres. Wir hatten nunmehr ein Anrecht auf Lebensmittelkarten! Das hieß nicht, dass der Hunger vorbei war, aber es bedeutete, dass wir einen Anspruch auf Brot, Butter und Fleisch hatten. Wenn auch stark rationiert und in sehr geringen Mengen.

Aber noch hatten wir keine Küche, um etwas mit den Lebensmitteln anfangen zu können. Kurz vor den Weihnachtstagen kamen zwei Männer des Stadtbauamts und schufen einen Durchbruch zu einem Schornstein. Einen Tag später schlossen sie einen kleinen gusseisernen Küchenherd aus Nachkriegsproduktion an den Schornstein an. Der Herd war im Baukastensystem eher schnell und unprofessionell gefertigt. Die Feuerungs- sowie die Aschekastentür waren nur grob an den Rändern abgeschliffen worden und hatten noch einen großen, abstehenden Grat. Daher ließen sich beide Türen nur mit enormer Kraftanstrengung öffnen. Das spielte für uns aber keine große Rolle. Wir schufen aus diesem kleinen Raum eine improvisierte Küche. Nun hatten wir Lebensmittelkarten und einen Herd. Was nun noch fehlte, war Brennmaterial.

Mutter, ich und mein kleiner Bruder zogen in den Stadtpark und sammelten, was wir an Ästen und Zweigen tragen konnten. Wer schon einmal Äste und Zweige verbrannt hat, kann sich vorstellen, dass deren Hitze nicht zum Kochen einer Mahlzeit reicht. Hier begann nun meine kriminelle Karriere: In den Weihnachtstagen zog ich zu später Stunde, mit Rucksack und Fuchsschwanz, einer kleinen Handsäge, bewaffnet, in den Stadtpark und zerteilte vorwiegend kleine Birken auf Rucksackgröße. Birkenholz deshalb, weil es auch nass bei entsprechender Glut gut brennt. Kohle hätte es zwar auf Zuteilung gegeben, aber mein Bruder und ich fanden auch andere Wege, um an Rohbraunkohle und Steinkohle zu kommen.

Unser kleiner Küchenherd hatte seine Tücken. Immer, wenn ich zum Anfeuern die Tür öffnen wollte, musste ich kräftig am Griff ziehen. Dabei kam der Ofen hinterher und das linke, wackelige Bein fiel aus seiner Verschraubung. Der Ofen seinerseits war nun seiner Standfestigkeit beraubt und drohte umzukippen. Niemand mag einen gusseisernen Ofen während des Betriebs anfassen, weil er überall heiß ist. Ich musste also den Ofen mit der rechten Hand im Gleichgewicht halten und versuchen, mit der linken nach dem abgefallenen Bein zu angeln und dieses wieder unterzuschieben. Mein Kampf mit dem Ofen führte täglich zu Tränen der Wut, des Schmerzes und der Verzweiflung.

Durch das Heizen der Küche und den strengen Frost in diesem Winter vereiste die Innenwand der Gaube großflächig. Bei Kerzenlicht funkelten die Eiskristalle in vielen Farben.

Vor dem Jahreswechsel 1946/47 kam ich in die »Fichteschule«. Das letzte Mal war ich zu Hause in der »Zwergschule« gewesen, einer Dorfschule, die nur aus einem Raum bestand und in der alle Jahrgänge von eins bis acht unterrichtet worden waren. Das war zwei Jahre her, im Spätherbst 1944. Dementsprechend groß waren meine Schwierigkeiten, mich mit der Schule und dem Lernen wieder anzufreunden.

In meiner neuen Schule gab es in der Zehnerpause ein mit Marmelade gefülltes Weizenhörnchen sowie eine

Tasse Milch. Dieses Frühstück war für mich der einzige Grund, überhaupt zur Schule zu gehen. Oft verließ ich das Gebäude danach, um zu »organisieren«. Darunter sind Diebstähle verschiedenster Art zu verstehen. Ich hatte Kinder und Jugendliche kennengelernt, welche am Stadtpark wohnten. Wir schlossen uns zu einer Gang zusammen und stahlen, was uns unter die Augen kam. In den Dörfern der Umgebung räumten wir den Bauern die Speisekammern leer. Wir nahmen uns Fahrräder, um mobil zu sein, und machten auch vor lebenden Hühnern und Kaninchen nicht halt. Natürlich fragte mich Mutter, wo ich all diese Dinge herhätte. Ich habe ihr nie die Wahrheit gesagt.

Im Spätherbst 1947 erzählte mir Mutter, dass Oma Emma zu uns nach Mittweida kommen würde. Oma Emma habe bei der Kartoffelernte helfen wollen. Als sie einen schweren Korb voll mit den Erdäpfeln auf den Kastenwagen kippte, geriet sie in die Speichen des Hinterrads. Der Kutscher bemerkte das nicht und trieb das vorgespannte Pferd zum Weitergehen an. Oma Emma konnte sich nicht befreien, der Wagen brach ihr die Beine.

Zwei gebrochene Beine, die nicht heilen wollten, machten meine Oma zum Pflegefall. Diese Aufgabe wollte oder konnte der Bruder meiner Mutter nicht erfüllen und brachte Emma kurzerhand mit einem Pkw zu uns nach Mittweida. Mutter und ihr Bruder hievten die alte Frau in unsere Kammern hinauf und verfrachteten sie in eines der beiden Holzbetten in unserem Schlafzimmer. Oma Emma konnte gar nicht mehr laufen. Auch ihre Notdurft musste sie im Bett verrichten. Das machte mein Leben schwierig, als auch meine Mutter krank wurde. Mit einer schweren Erkältung belegte sie das zweite Bett. Ich wurde nun zum Koch, Krankenpfleger und Mann für alle im Haushalt anfallenden Arbeiten. Omas Toiletteneimer entleerte ich im Klo eine halbe Treppe tiefer.

Ich hatte im Krankenzimmer keinen Platz mehr. Zum Glück lieferte die Volkssolidarität ein Sofa. Wir stellten es in die Küche. Es war von nun an mein Bett. Mein kleiner Bruder Hubertus schlief bei den beiden Frauen. Meine Oma wurde von Tag zu Tag schwächer. Irgendwann konnte ich sie nicht mehr pflegen. Sie kam ins Krankenhaus. Nur wenige Tage später starb sie dort, von ihren Qualen erlöst.

Der tiefgefrorene Boden auf dem Friedhof ließ es vorerst nicht zu, dass ein Grab ausgehoben werden konnte. Wir hatten auch keinen Sarg, in den wir unsere Oma Emma hätten legen können. Wie lange sie in der Leichenhalle auf ihre letzte Ruhestätte warten musste, daran kann ich mich heute nicht mehr erinnern.

Zur Jahreswende 1947/48 erreichte uns ein Brief, der Mutter und uns Kinder in helle Aufregung versetzte. Er stammte vom Suchdienst des Roten Kreuzes. Die Postbotin übergab ihn mir mit einem Lächeln, denn sie wusste, was solche Briefe in der Regel enthielten. Es waren meist gute Nachrichten. Wir erfuhren, dass Vater in Villach in der österreichischen Region Kärnten in englischer Kriegsgefangenschaft lebte und nun bald entlassen werden sollte.

Mutter war aufgekratzt. Ihr Mann lebte und würde zurückkommen. Dieses Glück teilte sie nur mit einigen wenigen Ehefrauen und Müttern. Aber wie konnte sich das anfühlen nach acht Jahren Trennung? Acht Jahren, in denen ihre Söhne groß geworden waren und sie durch die Flucht alles verloren hatte. Acht Jahre, in denen sie sich hatte allein durchschlagen müssen, nur mit ihrer Mutter und ihrer Schwester an der Seite. Acht Jahre, in denen ihre Welt untergegangen war.

Mein Vater stand wenige Wochen später vor der Haustür am Markt 5 in Mittweida. Ich erkannte ihn kaum wieder, Hubertus war er gänzlich fremd. Sprachlos stand meine Mutter einem wohlgenährten achtunddreißigjährigen Mann in englischer Winteruniform gegenüber und wusste nicht, was sie ihm sagen sollte. Doch dann brach das Eis, und wir waren glücklich, wieder beisammen zu sein. Später saß unser Vater am Küchentisch, starrte ins Leere und sprach stundenlang kein Wort.

Die neue Realität hatte ihn eingeholt. In der englischen Gefangenschaft hatte er von der Erwartung gelebt, nach Hause zurückzukommen, zu Frau und Kindern. Jetzt war er in einer fremden Stadt, in einer Dachmansarde, in einem Hinterhaus und besaß nichts als die englische Uniform. Seine Familie ernährte sich durch Diebstähle oder hungerte und fror. Sein Ideal, für das er in den Kampf gezogen war, lag zerstört am Boden. Hatte er dafür am Polenfeldzug teilgenommen, damit seine Kinder in einer fremden Stadt als Flüchtlinge aufwuchsen? Hatte er dafür darauf verzichtet, seine Söhne aufwachsen zu sehen, damit er nun in einer schlecht beheizbaren Dachwohnung hauste? Viel später verstand ich, in welch ein tiefes Loch mein Vater zu diesem Zeitpunkt gefallen sein musste. Er liebte die Natur, hatte immer auf dem Lande gelebt. Nun hockte er in einer für ihn fremden Stadt.

Doch mein Vater fing sich und startete sein Leben neu. Der Rat der Stadt vermittelte ihm eine Arbeit in einer Papierfabrik außerhalb von Mittweida. Lange blieb er dort nicht. Ein Onkel mütterlicherseits besuchte uns mit einer Neuigkeit, die meinem Vater keine Ruhe ließ: In der Sowjetischen Aktiengesellschaft (SAG) der Buna-Werke in Schkopau sollte es gutbezahlte Arbeit geben. Und nicht nur das! Zusätzlich würde jeder Arbeiter monatlich mit dem sogenannten Stalinpaket versorgt. Es beinhaltete Lebensmittel wie Salz, Zucker, Mehl und Fleisch.

Nur wenige Tage später verließ uns mein Vater in Richtung Schkopau. In einem Barackenlager wohnte er jetzt, in dem schon zu Kriegszeiten Arbeitskräfte untergebracht gewesen waren. Dort besuchte ich ihn öfters. Ich erinnere mich, wie ich im Metalldoppelstockbett über ihm schlief. Bei Vater gab es leckeren Kartoffelbrei. Dazu holten wir uns auf nicht ganz legalem Wege Kartoffeln von einem Feld neben den Buna-Werken. Vater kochte sie in einem Aluminiumtopf. Dann briet er Zwiebeln in Rapsöl und vermengte alles zu einem köstlichen Brei.

Vater arbeitete also ab 1948 in den Buna-Werken, und Mutter verdiente in einer Großwäscherei in Mittweida

Geld für unseren Lebensunterhalt. Einmal im Monat trafen sich beide in Leipzig auf dem Hauptbahnhof. Dann übergab Vater das »Stalinpaket« für seine Familie, und Mutter kehrte mit der Bahn wieder heim.

Mittlerweile kamen wir ganz gut ohne ständiges Stehlen meinerseits zurecht. Außerdem betonte mein Vater, dass er keinen Dieb als Sohn haben wollte, und zeigte dabei auch auf, welche Strafen er für Stehlen als richtig erachtete. All das überzeugte mich, dass ich mich von meiner Gang besser fernhalten und meine kriminelle Karriere aufgeben sollte. Doch da ich außer Stehlen bisher keine Hobbys gehabt hatte, musste ich mir für meine Freizeit etwas Neues suchen. Fußball hielt ich für eine gute Idee. In einer gemischten Kinder- und Jugendfußballmannschaft erprobte ich mein Talent auf dem Rasen. Schon zu Beginn des Jahres 1949 gab ich jedoch meine Fußballkarriere auf.

II

Boxen: Start in ein neues Leben · Matrose in Kühlungsborn · Grundausbildung · Boxer statt Matrose · Versetzung nach Wolgast

In Mittweida gab es eine Boxmannschaft. Einen der Boxer kannte ich näher. Als er mir erzählte, dass nach jedem Kampf im Schützenhaus in Mittweida für die Heim- und Gästemannschaft ein gemeinsames Pferdegulaschessen stattfindet, meldete ich mich beim Boxtrainer. Nun hatte ich etwas gefunden, das mir gefiel. Der Eintritt in die Welt des Boxsports sollte einige Jahre später wichtige Entscheidungen in meinem Leben bewirken. Der Trainer arbeitete mit mir individuell. Schon wenige Wochen nach Beginn meines Trainings durfte ich meinen ersten öffentlichen Kampf in Geringswalde als Fliegengewichtler bestreiten. Ich hatte einundfünfzig Kilogramm Kampfgewicht.

Im September 1949 war mit der Schule endgültig für mich Schluss. In Erlau, unweit von Mittweida, begann ich eine Lehre als Graugussformer. Die Stelle in der Eisengießerei und Maschinenfabrik Erlau hatte mir ein ehemaliges Mitglied unserer Gang vermittelt. Lange sollte ich dort nicht bleiben.

Vater hatte in den Buna-Werken Fuß gefasst und konnte gute Arbeitsleistungen vorweisen. Man wollte ihn als Arbeiter behalten. Daher bekam er das Angebot, eine Zweieinhalbzimmerwohnung in Merseburg, etwa sechs Kilometer von Schkopau entfernt, beziehen zu können. Natürlich mit seiner Familie.

Zur Jahreswende 1950/51 holte uns der Vater nach Merseburg. Graugussformer konnte ich dort nicht weiterlernen. Stattdessen fand ich Platz in der kleinen Abteilung Buntmetallgießerei der Buna-Werke. Doch auch damit hatte ich kein Glück. Nach nur sechs Monaten wurde dieser Betriebsteil stillgelegt. Man schob mich in eine Stahlgießerei in Frankleben, Kreis Merseburg. Wenig später, im September 1951, endete auch dort mein »Gießerei-Kapitel«.

Nach meinem Umzug nach Merseburg habe ich sofort Kontakt zur Boxmannschaft »Stahl Merseburg« aufgenommen. Die Aufnahme als Mitglied war reine Formsache. Als unsere Boxstaffel die Buna-Werke als Sponsor bekam, reisten wir zu Kämpfen quer durch die DDR. Einmal hatten wir Gäste »aus dem Westen«. Die Boxstaffel aus Essel-Recklinghausen trat gegen uns an. Mein Gegner hieß Auth. Wir führten einen harten Kampf, der mit einem Unentschieden endete. Zur damaligen Zeit war es noch üblich, Vergleichskämpfe mit westdeutschen Mannschaften durchzuführen.

Ende November 1952, draußen war es frostig, trat mein Boxerfreund Rudi in einer Pause an mich heran und flüsterte mir ins Ohr, dass er Merseburg verlassen wolle. Die Marine in Kühlungsborn werbe Mitglieder, und er werde bald dorthin gehen, um Matrose zu werden. Darüber hatte er bisher kein Wort verloren. Vielleicht hatte ihm unser Aufenthalt an der Ostsee während eines Trainingslagers so gut gefallen. Wir hatten 1951 mehrere Boxveranstaltungen an den Küstenorten durchgeführt, unter anderem in Kühlungsborn.

Rudis Idee ließ auch mir jetzt keine Ruhe mehr. Aufs Meer hinausfahren, Matrose sein, Seeluft schnuppern … »Was muss ich machen, damit wir zusammen zur Marine kommen?«, fragte ich ihn unverhohlen und hatte im Stillen schon einen Entschluss gefasst.

»Du musst dich beim Wehrkreiskommando melden, in Merseburg. Die warten dort nur auf Freiwillige wie dich!« – Gleich in den nächsten Tagen setzte ich meinen Entschluss um und bewarb mich an besagter Stelle. Ohne weitere Fragen nahm man meine Bewerbung an. Dass schon an dieser Stelle ein bürokratischer Fehler begangen wurde, sollte ich zu Beginn des neuen Jahres zu spüren bekommen.

Am 2. Januar 1953 fuhren wir Freiwilligen mit der Eisenbahn zuerst nach Rostock und danach mit der Kleinbahn nach Kühlungsborn. Mein Reisegepäck bestand lediglich aus meinem Boxkoffer, in dem ein wenig Wechselkleidung verstaut war. In Kühlungsborn-West angekommen, wurden wir in neu errichtete massive Baracken einquartiert. Diese standen nur wenige Meter vom Strand entfernt. Die Dienststellenleitung Volkspolizei-See (VP-See) war in einem Klinkerbau untergebracht. Vor diesem befand sich ein Appellplatz, daran schloss sich ein großer Speisesaal an. Diese Gebäude waren schon in der Nazizeit als Bestandteil militärischer Ausbildung errichtet worden.

Von Rudi wurde ich gleich nach unserer Ankunft getrennt. Er kam in einen anderen Ausbildungszug. Ein Zug bestand aus dreißig Mann. Damals war es noch üblich, dass alle Männer eines Zuges in einem Schlafsaal, der mit Doppelstockbetten ausgestattet war, untergebracht wurden. In einem zweiten Raum befand sich eine Vielzahl von Schränken. Jedem Matrosen stand eine Schrankhälfte zu.

Kurz nach unserer Ankunft hatte man unsere Personalien aufgenommen. Später stand uns die Einkleidung bevor. Dazu begaben wir uns zugweise in den Warteraum, wo wir einzeln aufgerufen wurden. Der Warteraum leerte sich. Matrose um Matrose verschwand und kehrte mit einem prall gefüllten Seesack zurück. Nur ich blieb sitzen. Ich wartete. Nachdem auch der neunundzwanzigste Auszubildende mit seinem Seesack an mir vorbei ins Quartier gegangen war, erwartete ich nun endlich meine Matrosenkleidung. Doch statt zur Einkleidung wurde ich zum Kompaniechef gerufen. Der Mann, ein »Omar-Sharif-Typ«, sah mich streng an. Kaum dass ich eingetreten war. In einem klaren Hochdeutsch und frei von jedem Ostseedialekt erklärte er mir, dass ich wieder nach Hause fahren müsse. »Schwarz, schon in Merseburg hat man einen Fehler gemacht! Man hätte Sie nicht als Freiwilligen für die Marine erfassen dürfen. Es hat wohl keiner gemerkt, dass Sie noch nicht volljährig sind. Sie sind am 1. April 1935 geboren und somit erst siebzehn dreiviertel Jahre alt. Vor Vollendung des achtzehnten Lebensjahrs dürfen wir Sie nicht einstellen.«

Ich war schon zu dieser Zeit niemand, der sich von einem gefassten Entschluss leicht abbringen ließ. Ich muss den Kompaniechef davon überzeugt haben, dass ich nie und nimmer nach Merseburg zurückfahren würde. Jedenfalls lenkte er ein: »Schwarz, eine Möglichkeit sehe ich noch. Wenn Ihre Eltern einverstanden sind, dass Sie als Minderjähriger eingestellt werden, dann ist dieses Problem gelöst. Ihre Eltern müssten dazu beim Wehrkreiskommando in Merseburg eine entsprechende Unterschrift leisten.«

Mir wurde flau im Magen, denn ich dachte daran, dass meine Mutter ganz und gar nicht mit meinem neuen Lebensweg einverstanden gewesen war. Würde sie gegen ihre Überzeugung einen solchen Antrag unterschreiben?

Ich weiß nicht, was Vater und Mutter in den folgenden Tagen miteinander ausdiskutierten. Ich weiß nur, dass die entsprechende Unterschrift an meinen Kompaniechef geschickt wurde. Kurz darauf bekam auch ich meine Matrosenkleidung. Damit war ich am 13. Januar 1953 in den Marinedienst übernommen.

Es folgte eine dreimonatige Grundausbildung. Der Leiter war ein alter Obermaat, der, so wurde gemunkelt, schon unter Adolf Hitler in der Kriegsmarine die jungen Matrosen ausgebildet hatte. Die Art, wie er mit uns Freiwilligen gleich in der ersten Woche umging, verschärfte diesen Verdacht.

Der Januar dieses Jahres war an der Küste Kühlungsborns eiskalt. Auf gefrorenem Sandstrand ließ er uns robben, in Bauchlage Drehungen auf dem Koppelschloss nach links und rechts vollführen, in Richtung Ufer Intervalle im Laufschritt absolvieren, niederwerfen, aufspringen … Vorwärts, vorwärts!

Ein Mitauszubildender war wie ich Boxsportler: Horst aus Könnern. Er rannte am schnellsten zum Ufer und war daher bereits im eiskalten Wasser, als das Kommando »Halt!« ertönte. Befehlsgemäß warf er sich nieder – ins eiskalte Wasser der Ostsee. Im Flachwasser wieder aufgestanden, drehte er sich zum am Ufer stehenden Obermaat um und schrie: »Wir sind doch keine Viecher!«

Um zweiundzwanzig Uhr war Nachtruhe befohlen. Mehrfach erschien der Obermaat danach mit einer Taschenlampe im Schlafsaal. Willkürlich suchte er diesen oder jenen Matrosen aus und befahl: »Strecken Sie Ihre Flossen raus! Vom Füßewaschen halten Sie wohl nicht viel! Ab in den Waschraum!«

Fehlerhaftes Bettenmachen und nicht nach Vorschrift abgelegte Kleidung im Schrankteil wurden sehr gemein sanktioniert. In solchen Fällen hatte er feinen Dünensand dabei und rieselte ihn zwischen die Kleidung. Anschließend legte er eine knapp gehaltene Frist fest, bis wann der komplette Sand aus dem Schrank entfernt sein musste.

Zum ersten Teil der Grundausbildung gehörte es, das synchrone Marschieren zu lernen. Zudem wurde uns die Handhabung eines sowjetischen Karabiners 100 (K100) mit aufgepflanztem Bajonett vermittelt und Übungsschießen mit dieser Waffe ausgeführt. Selbstverständlich wurde auch unsere politische Ausrichtung gedrillt. Im Führungsstab unserer Dienststelle waren hohe sowjetische Offiziere als Berater tätig. Aus Anlass des Todes des großen sowjetischen Führers Josef Stalin am 5. März fand ein großer Appell statt.

Ende April 1953 wurde unser Zug zusammen mit drei weiteren als Wachkompanie zum Schutz unserer Dienststelle eingesetzt. In der Nacht vom 17. auf den

18. Juni 1953 gab es Großalarm. Feldmarschmäßig ausgerüstet mit dem K100 und scharfer Munition harrten wir zwei bis drei Tage in der Dienststelle aus, ohne einen Befehl für einen Einsatz zu bekommen. Nach dem 17. Juni wurden zwei hochrangige Offiziere sowie unser verhasster Obermaat nicht mehr in unserer Dienststelle gesehen. Es kursierten Gerüchte von Fahnenflucht beziehungsweise Verlassen der DDR in Richtung BRD.

Ende Juni 1953 sollten wir, wie in der Grundausbildung versprochen, nach Peenemünde versetzt werden. Wir sollten unseren ersten Einsatz auf Minensuch- sowie Räumbooten der ehemaligen Kriegsmarine leisten. Nicht mit einem Schiff, sondern per Lkw brachte man uns nach Peenemünde. Es war spätabends, als wir dort ankamen. Auf dem dortigen Appellplatz begrüßte uns der Dienststellenleiter mit den Worten: »Guten Abend, Wachkompanie!« Ich glaubte, meinen Ohren nicht zu trauen. Wachkompanie? Schon wieder Wache schieben? Ich wollte an Bord gehen, zur See fahren. Mit Wache hatte ich nichts am Hut. Aber im Militär gilt es, Befehle zu befolgen.

Nach etwa vier Wochen Wachdienst, wir hatten gerade Politikunterricht, betrat ein Oberleutnant zur See den Schulungsraum. Nach einem kurzen Gespräch mit dem Lehrer wandte er sich an uns. Er stellte sich als leitender Sportoffizier der Dienststelle vor und bat uns, aufzuschreiben, ob wir im zivilen Leben Sport getrieben hätten. Nach Dienstschluss schrieb ich auf, dass ich bereits in Mittweida mit dem Boxen begonnen hatte und in Merseburg in der Betriebssportgemeinschaft (BSG) der Buna-Werke geboxt hatte.

Einige Tage später wurde ich zum Sportoffizier gerufen. Ich hatte ein gutes Bauchgefühl. *Schwarz*, dachte ich mir, *hast du schon wieder großes Glück?* In seinem Büro empfing mich der Oberleutnant zur See. Er war ein Frauentyp mit sportlicher Figur, mittelgroß und hatte braunes, welliges Haar. Er steckte in einer Uniform, die für ihn maßgeschneidert zu sein schien. Der Oberleutnant war ungefähr vierzig Jahre alt, verheiratet und stammte aus dem Raum Dresden. »Matrose Schwarz«, sagte er, »nach Durchsicht der aufgezeichneten sportlichen Aktivitäten habe ich mich entschlossen, Sie als meinen Stellvertreter einzusetzen. Sind Sie damit einverstanden?« Was für eine Frage! Mit erhöhtem Puls sagte ich auf der Stelle zu.

Sodann zählte er mir ausführlich meine zukünftigen Aufgaben auf: Ab sofort war ich alleinverantwortlich für den Dienstsport der im Hafen liegenden fahrenden Einheiten und auch der an Land befindlichen Männer. Durchführungsort und Dienstsitz war eine große, neu errichtete Sporthalle mit vielseitigen Sportgeräten. Als ich die Halle besichtigte, stellte ich zu meiner Überraschung fest, dass auch alle Hilfsmittel für Boxtrainings vorhanden waren. Es gab einen ledernen Sandsack, einen Punchingball, Boxhandschuhe, Ballhandschuhe sowie Springseile.

In meiner Freizeit konnte ich nun trainieren wie einst zu Hause. Ich war froh über diese Wendung und erfüllte alle Aufgaben zur vollen Zufriedenheit.

Wenn wir Landgang bekamen, suchten wir Tanzlokale auf, die es in Peenemünde nicht gab. Das war nicht einfach, denn ab Karlshagen mussten wir mit dem Zug nach Zinnowitz fahren. Ab Karlshagen war in Richtung Peenemünde militärisches Sperrgebiet. Direkt neben einer der Gaststätten befand sich in einer Bretterbude der Straßenkontrollpunkt zum Peenemünder Hafen und zum Flugplatz, der von sowjetischer Seite unterhalten wurde. Wer Wachestehen musste, saß praktisch Tür an Tür mit diesem Kontrollpunkt. Auch ich habe diesen Dienst mit weiteren Matrosen oftmals verrichtet. Bei diesen Begegnungen musste ich immer an Stjopa denken. Eigenartigerweise wussten die sowjetischen Wachsoldaten immer eher als wir, wenn in Peenemünde zum Beispiel der Chef der Volkspolizei-See, Vizeadmiral Waldemar Verner, einflog. Mitteilung eines Soldaten: »Sülfried, morgen kommen dein Votzenadmiral.« Das Gelächter war natürlich riesengroß.

Ende August 1953 wurden Boxmeisterschaften ausgeschrieben. Mit Erlaubnis meines Chefs habe ich daraufhin sehr intensiv die Boxgeräte bearbeitet und Dauerläufe von Peenemünde nach Karlshagen absolviert. Ich kam im Weltergewicht (sechsundsechzig Kilogramm) bis in den Endkampf und erhielt trotz einer Punktniederlage die Berechtigung, Mitglied der Boxstaffel der Sportvereinigung »Vorwärts Kühlungsborn« zu werden. Wochen später war für mich in Peenemünde Dienstschluss. Kühlungsborn, der Ort der Grundausbildung, hatte mich wieder.

Rudi, mein Freund aus Merseburg, und Horst, der Ostseeschwimmer, gehörten hier auch zu meiner Mannschaft, denn alle drei wollten wir weiter boxen. Unser Trainer hieß Hermann Lange. Er kam aus Magdeburg-Sudenburg. Wir bezogen nun ein Dreibettzimmer in dem Klinkerbau auf dem Dienstkomplex. Als Boxsportler bekamen wir eine Sonderverpflegung und trainierten jeden Tag.

Neben unserem Trainer war Oberleutnant zur See Hacker für unsere weitere militärische Ausbildung zuständig. Von nun an fanden die Wettkämpfe regelmäßig statt. Wir hatten Gäste aus Aschersleben, Pößneck, Rudolstadt, gegen die wir antraten. Auch eine Mannschaft aus der Deutschen Hochschule für Körperkultur (DHfK) Leipzig trat gegen uns an. Austragungsorte waren der Konzertgarten in Kühlungsborn-Ost und das Erholungsheim des Freien Deutschen Gewerkschaftsbunds (FDGB) »Jochen Weigert«.

Im Frühjahr 1955 bekamen wir einen neuen Trainer: Siegfried K. Inzwischen waren wir nach Parow umgezogen. Siegfried K. war Absolvent der DHfK und wurde Angehöriger der Volkspolizei-See. Als solcher war er nicht Zivilangestellter wie Hermann Lange, sondern wurde als Offizier eingestellt. »Neue Besen kehren gut.« Unter diesem Motto führte er neue Trainingsmethoden ein. Zu diesen sowie zu seiner Person fand ich keinen Draht. Ich versuchte es eine Zeitlang. Dann gab ich es auf und beendete meine Boxerlaufbahn im Mai 1955.

Wenige Tage später packte ich meinen Seesack und

erhielt Order, mich in Wolgast in einem großen Versorgungslager in der Kaderabteilung zu melden. Denn laut meinem Dienstvertrag war ich bis zum 3. November 1955 Angehöriger der Volkspolizei-See.

Meine Versetzung nach Wolgast war durch eine Namensgleichheit zustande gekommen. Der leitende Kaderoffizier begrüßte mich freudig mit den Worten: »Willkommen, Textilingenieur Schwarz!«

»Tut mir leid, ich bin kein Textilingenieur, sondern Boxer und Maat der Volkspolizei-See«, musste ich eingestehen.

Irgendwo zwischen der Hauptabteilung in Berlin und Wolgast hatte eine Namensverwechslung stattgefunden. Doch nun war ich einmal vor Ort und sollte auch zum Einsatz kommen. Zunächst wurde ich zu Büroarbeiten in der Kaderabteilung für Zivilangestellte herangezogen.

Wenige Wochen später kam der erneute Versetzungsbefehl. Dieses Mal sollte ich in Saßnitz-Dwasieden Zugführer für künftige Offiziere in der Grundausbildung werden. Meine eigene Grundausbildung hatte ich vor mehr als zwei Jahren absolviert. Den aktuellen Stand der Ausbildung kannte ich nicht. Ich lehnte ab.

Schon einen Tag später wurde ich vom Kaderoffizier zum »Offizier für die Küche« berufen. Meine Aufgabe bestand darin, von allen in der Küche zubereiteten Speisen Essensproben zu aservieren. Das hieß, von allen zubereiteten Speisen der Küche unserer Dienststelle Proben zu sichern, um nach eventuell auftretenden Erkrankungen einen Nachweis zu haben.

Über den Spätsommer 1955 bis zum Tag meiner Entlassung am 3. November 1955 hatte ich mehr Freizeit als Dienst in der Küche.

Die erwähnte Freizeit nutzend, kleidete ich mich für das zivile Leben neu ein: Ich kaufte ein Paar braune randgenähte glänzende Lederhalbschuhe aus der ČSSR, eine braune Hose, ein Sakko in Salz-und-Pfeffer-Optik, ein roséfarbenes längsgestreiftes Oberhemd und die dazu passende Krawatte.

In diesem Erscheinungsbild und mit einer Vielzahl Entlassener wurde ich von der Dienststelle bis zum Bahnhof mit Blasmusik verabschiedet. Das war so üblich. Wir zogen durch die ganze Stadt.

In Stralsund nahm ich im *Hotel zur Post* ein Zimmer und verabredete mich mit anderen Ex-Matrosen zu einer Abschiedsfeier. Nach dieser feuchtfröhlichen Sause, die bis in die Morgenstunden andauerte, fuhr ich am nächsten Tag mit dem D-Zug um 7.05 Uhr nach Halle.

Im Hotelzimmer hatte ich eine Illustrierte aus der BRD gefunden. Diese las ich nun auf der Zugfahrt. Es gab neben vielen anderen Artikeln auch eine Textsorte, die ich so bisher nicht zur Kenntnis genommen hatte: Horoskope! Für einen Widdergeborenen wie mich wurde da eine ganze Palette an beruflichen Möglichkeiten ausgebreitet. Unter anderem war von Militär und Polizei die Rede.

Nur wenige Tage später sollte ich mich beim Wehrkreiskommando einfinden, um einen Wehrpass zu erhalten. Dort traf ich aber nicht auf eine Bürokraft oder einen Offizier, der mein Dokument unterzeichnete und mir übergab. Vielmehr warteten dort: ein Vertreter der Polizei, einer der Feuerwehr, einer des Strafvollzugs und ein Mann in Zivil. Mein Wehrpass spielte in dieser illustren Gesellschaft gar keine Rolle mehr. Vielmehr wurde mir bewusst, dass jeder der Männer mich für seinen Dienst anwerben wollte. Ich hatte keine Idee, was aus mir werden könnte. Mir fiel das Horoskop aus dem Zug wieder ein. Den Vertreter der Polizei fragte ich, ob ich Kriminalist werden könnte. »Aber natürlich«, antwortete dieser. Bei entsprechenden Voraussetzungen und einem nachträglichen Schulbesuch sei das möglich. Im Anschluss an dieses Gespräch erklärte ich dem Vertreter der Polizei, dass ich Polizist werden möchte.

III

Ein neuer Lebensabschnitt beginnt · Gruppenführer im Schnellkommando · Einzug in die Abteilung Kriminalpolizei · Erste kriminalistische Schritte · Sachgebiet »Landwirtschaft« – Als Verdeckter Ermittler unterwegs · Sachgebiet »Leben und Gesundheit« – Brände, Suizide, Verkehrsunfälle und dem Tod von der Schippe gesprungen · Erschütternde Fälle – Straftaten an Neugeborenen, Säuglingen und Kleinkindern · Die Sowjetischen Streitkräfte, unser großer Bruder · Ein Suizid und ein Mord

Am 11. November 1955 führten zwei Kommissare der Volkspolizei mit mir ein Einstellungsgespräch. Das Ergebnis war meine Übernahme in den Dienst der Deutschen Volkspolizei. Gleich mit Beginn des Folgemonats, am 1. Dezember 1955, begann meine Karriere. Vom Maat nun zum Oberwachtmeister mutiert, kam ich für Wochen in den Streifendienst. Dort blieb ich nicht lange.

Kurz darauf wurde ich Gruppenführer im Schnellkommando. »Schnellkommando« war ein anderes Wort für »Überfallkommando«. Im Zwölf-Stunden-Takt war es Aufgabe des Gruppenführers mit dem Personalbestand von zwölf Polizisten für Ruhe, Ordnung und Sicherheit in der Kreisstadt Merseburg und deren Umgebung zu sorgen.

Das hieß für uns vor allem, Kneipenschlägereien zu trennen. Besonders die Auseinandersetzungen in der *Mitropa*-Gaststätte im Bahnhof Merseburg waren die schwersten und härtesten Einsätze. Auch zu Raufereien in den Kneipen der Schrebergärten fuhren wir oft aus. Nicht selten konnten wir die Streitereien nur mit Hilfe des Schlagstocks klären. Interessant aus heutiger Sicht ist die Tatsache, dass keiner der Täter je eine Anzeige erstattete, wegen der gegen ihn erfolgten Gewalt.

Die Uniform des Schnellkommandos sah anders aus als die im Normaldienst. Wir trugen Stiefel, Stiefelhose, Uniformjacke, Mantel und als Kopfbedeckung einen schwarzen Tschako. Bewaffnet waren wir mit Schlagstock und einer Pistole 08. Diese Waffe war schon in

Nazideutschland als Schusswaffe eingesetzt worden. Im Normaldienst trug man schwarze Halbschuhe, eine lange Hose, eine grüne Uniformjacke mit Schulterstücken und eine grüne Schirmmütze. Mit anderen Worten: Wer uns kommen sah, wusste, dass es jetzt ernst wurde.

Im Juni 1956 schlugen mir dieselben Kommissare vor, mich in die Abteilung Kriminalpolizei des Volkspolizeikreisamts zu versetzen. Ich fand diesen Vorschlag gut, und schon am 1. Juli 1956 war ich Angehöriger dieser Abteilung. Weder für den Dienst in der Schutzpolizei noch in der Kriminalpolizei hatte ich irgendeine Qualifikation vorzuweisen. Mit meinen gerade einmal einundzwanzig Jahren war ich plötzlich der jüngste Kriminalist des Bezirks Halle.

Meine ersten Stunden in dieser Abteilung gestaltete der Leiter, Otto M. Mit ihm ging es von Zimmer zu Zimmer. Er stellte mich den Kriminalisten als neuen Mitarbeiter vor. Als wir im Büro des Kreisfahndungsbevollmächtigten Heinz P. angekommen waren, begrüßte der mich wie aus der Pistole geschossen: »Ach, der Coco!« Erst Jahre später, als Heinz mir das Du angeboten hatte, fragte ich ihn nach dieser Begrüßung. Er erzählte mir, dass er in seinem zivilen Leben in der Lehre einen Mitlehrling mit Namen Schwarz gekannt habe. Den hätten alle immer Coco genannt. Aus »Coco« wurde in meiner Abteilung später »Koks«.

Das »Laufen« in der neuen Tätigkeit lehrte mich Georg K. Auch er war um Jahre älter als ich. Der Kriminalist stammte aus Breslau und beherrschte perfekt Judo. Sein Körper war absolut durchtrainiert. Seinem Aussehen nach hätte man ihn für einen Asiaten halten können. Er hatte mandelförmige Augen, eine dunklere Hautfarbe und schwarze Augenbrauen sowie tiefschwarze Haare. Georg K. leitete nicht nur den Dienstsport in der Abteilung, sondern auch eine monatliche Fachschulung. Einen Ausspruch von ihm habe ich noch heute in Erinnerung: »Mein Junge, bei uns kannst du jeden Tag von früh bis abends klauen, aber nur mit den Augen und den Ohren.«

In dieser Zeit hatte ich viel zu lernen. Da war einerseits das Kriminalistenhandwerk. Andererseits hatte ich durch Krieg und Flucht viel Unterricht in der Schule versäumt, und es fehlte mir an Allgemeinbildung. Im Selbststudium holte ich auf der Abendschule den Abschluss der zehnten Klasse nach und erreichte dabei gute Noten.

Besonders auffallend waren meine Defizite zu Beginn meiner Laufbahn, als ich erste Berichte verfassen musste. Ich erinnere mich noch gut an meinen allerersten, welchen ich für den Leiter der Abteilung schreiben sollte. Im Adlersuchsystem klapperte ich diesen auf einer ausgeleierten Büroschreibmaschine herunter. Ich bekam ihn zurück. Unter vier Augen legte mir der Abteilungsleiter das orthografisch korrigierte Schreiben vor. Seitdem holte ich mir beim Dokumentieren von Ermittlungsergebnissen den »Liebknecht« auf meinen Schreibtisch. Das »Wilhelm-Liebknecht-Volksfremdwörterbuch« half mir bei komplizierten Wörtern. Da es auf unserer Etage nur ein Exemplar gab, musste ich das Hilfsmittel manchmal in den anderen Zimmern suchen.

Beim Verfassen eines Berichts benötigte ich wieder einmal das Wörterbuch, um keinen Fehler zu machen. Ich begab mich also auf die Suche danach in den anderen Zimmern. Doch dort fand ich es nicht. Es blieb am Ende nur das Nebenzimmer. An der Zimmertür hing das Schild: »Vernehmung, nicht stören!« Ich überlegte kurz, dann klopfte ich behutsam an die Tür. Ich steckte den Kopf hinein. Ein Kriminalist hatte, wie es das Schild erläuterte, einen Mann vor seinem Schreibtisch sitzen. Nahe bei dem Ohr des Polizisten fragte ich leise: »Hast du den Liebknecht da?« Er notierte für mich auf einem Infozettel neben der Schreibmaschine: »Nein, das ist Herr Müller. Der gibt eine Anzeige auf.«

Eine junge Frau saß eines Tages in meinem Dienstzimmer und erstattete bei mir Anzeige. Ich hörte ihr zu und fixierte das Gesagte. Nach Ende des Schriftsatzes schrieb ich, wie das üblich war, links meinen Namen und Dienstgrad auf. Auf die rechte Seite schrieb ich den Namen der Frau. Danach legte ich ihr die Anzeige zur Unterschrift vor. Sicherheitshalber sollte sie noch einmal laut vorlesen. Sie sah auf das beschriebene Blatt und fing auf einmal an, zu schreien: »Aua, mein Kopp, aua, mein Kopp!« Nachdem sich dieses mehrfach wiederholt hatte und ich langsam ahnte, was der Grund für dieses merkwürdige Verhalten war, fragte ich, ob sie des Lesens und Schreibens unkundig sei. Sie nickte nur. Mit drei Kreuzen besiegelte sie den von mir vorgelesenen Sachverhalt.

An der Seite von Georg K. lernte ich Schritt für Schritt das kriminalistische Vorgehen bei der Bearbeitung von einfachen Eigentumsdelikten. Dazu gehörten der Diebstahl von Kleinvieh, von Fahrrädern, aber auch Einbrüche in Lebensmittelgeschäfte und Gaststätten.

Zu Beginn eines jeden Tages, wir arbeiteten auch samstags bis dreizehn Uhr, gab der Kriminaldauerdienst im Beisein des Leiters der Abteilung den morgendlichen Rapport. Je nach Deliktlage kamen dann Kriminalisten der jeweiligen Fachgebiete zum Einsatz. Wenn also im Stadtgebiet von Merseburg in der vergangenen Nacht ein Einbruch in ein Lebensmittelgeschäft, der Handelsorganisation (HO) oder der Konsumgenossenschaft, stattgefunden hatte und der Kriminaldauerdienst mit dem Kriminaltechniker zum Einsatz gekommen war, begann unsere Täterermittlung. Kam dafür das Stadtgebiet in Frage, wurde die Ermittlung zu Fuß durchgeführt.

Das gesellige Leben spielte sich in jenen Jahren nicht zu Hause ab, sondern in der nächstgelegenen Kneipe. Wenn also in der Nacht irgendetwas passiert war, dann war es in der Kneipe zumindest Diskussionsthema gewesen. Daher führte unser erster Gang immer in das Lokal, das in unmittelbarer Nähe zum Tatort lag.

In Merseburg existierte damals eine Vielzahl von kleineren und größeren Gaststätten in allen Stadtteilen. Die Kneipen öffneten in der Regel um elf Uhr. Wir fanden uns zehn Uhr ein. Georg K. wusste, dass man um diese Uhrzeit als Polizist, der ein Delikt aufklärt, auf ein Frühstück hoffen durfte. Es gab zum Beispiel mehrere Gaststätten, welche Pferdefleisch im Angebot hatten. Einer der Wirte machte aus Pferd, Rind und Schwein Gehacktes und bot dazu eine Fleischbrühe. Während wir frühstückten, begann dann ganz ruhig und gelassen das »Abschöpfen« des Wirtes. Wir erfuhren, welche Gäste am Vorabend bis zuletzt in seinem Lokal anwesend gewesen waren. Da Georg schon viele Jahre im Dienst war, kannte er auch den Stamm der Straftäter, welche für Einbrüche bekannt waren. So kamen wir mehr als einmal zu einer schnellen Täterermittlung. Hinzu kam die Tatsache, dass es im Stadtgebiet Abschnittsbevollmächtigte (ABV) der Deutschen Volkspolizei gab. Diese trugen ebenfalls zur schnellen Aufklärung unterschiedlichster Delikte bei.

In einem Bericht eines ABV hieß es: »In dem genannten Lokal verkehrten Kohlen- und Aschefahrer, Nutten, Volkspolizisten und anderes Gesockse.«

Nun, zu diesem »Gesockse« zählte auch ich. Das Lokal, in dem ich verkehrte, hieß *Gasthof zur goldenen Kugel* und befand sich in der Oberen Breiten Straße in Merseburg. Durch einen Wohnungswechsel lebte ich ganz in der Nähe. Der Wirt, Werner M., war nicht nur ein guter Kneipier, sondern auch ein hervorragender Koch. Diesen Beruf hatte er im *Roten Ross* in Halle erlernt. Der Schalk saß ihm oft im Nacken, und mit Leichtigkeit konnte er einen »in den April schicken«.

Eines Abends betrat ich nach der Arbeit die *Golde-*

ne Kugel. Sie war wie immer gut besucht. Ich saß noch gar nicht richtig, da brachte mir Werner ein Bier und einen Braunen, »Wilthener Goldkrone«. Ich hatte das Gedeck nicht bestellt und sah ihn daher fragend an. Er sagte: »Geht schon in Ordnung.« Noch zweimal durfte ich das Angebot nutzen. Mehr hätte ich auch nicht trinken dürfen, um nicht volltrunken zu werden. Ohne von Werner zu erfahren, wer der edle Spender war, trat ich den Heimweg an. Entsprechend angetrunken kam ich zu Hause an. Tags darauf begab ich mich auf kürzestem Weg nach Feierabend abermals zur *Goldenen Kugel.* Im Gegensatz zum Vortag waren wenige Gäste im Lokal. Ich fragte Werner, durch wen ich denn nun gestern kostenlos fast volltrunken geworden wäre. Jetzt erzählte er die Geschichte dazu: In meiner Kneipe verkehrten neben Polizisten und anderem »Gesockse« eben auch Kohlen- und Müllfahrer. Einer von denen hatte einen Tag zuvor im Alkoholrausch seine Frau dermaßen verprügelt, dass sie ein blaues Auge davongetragen hatte. Werner hatte diesem Prügelehemann nach meinem Erscheinen eingeredet, dass ich wegen der Körperverletzung an seiner Frau anwesend sei. Und bevor ich eventuell Fragen zu diesem Sachverhalt stellen könnte, wäre es besser, mich mit alkoholischen Getränken milde zu stimmen. Alles daran war frei erfunden. Ich wusste von keiner Körperverletzung. Nur der Gastwirt hatte rein zufällig von einem Kollegen des Mannes erfahren, dass dieser einmal wieder seine Elvira grün und blau geschlagen hatte.

Auf alle Fälle habe ich durch Georg K. alle Gaststätten der Stadt, einschließlich der Kneipen in den Schrebergartenanlagen, und deren Personal kennengelernt.

Aber auch auf andere Weise lernte ich im Kreis Merseburg und in Teilen des Bezirks Halle Gaststätten, Lebensmittelgeschäfte und Möbelhäuser kennen. Wegen meines bescheidenen Gehalts opferte ich Teile von meinem Jahresurlaub, um in der Transportgesellschaft Handel Merseburg als Kraftfahrer die entsprechenden Einrichtungen mit Waren zu beliefern. Unweit unserer Merseburger Dienststelle, des Volkspolizeikreisamts (VPKA), befand sich eine Gaststätte namens *Hoffischerei*. Darin aßen wir, wenn uns das Essen der Dienststelle nicht zusagte. Natürlich kehrte man dort auch nach Dienstschluss noch ein. Georg K. spendierte mir dort so manches Mal ein Bier. Jetzt aber war ich als Lieferant auf dem Weg zu dieser Gaststätte und mit einem vorbestraften Beifahrer unterwegs. Dieser wusste allerdings nicht, was ich im wirklichen Leben machte. Vor der offiziellen Öffnung empfing uns der Wirt, um die bestellten Spirituosen entgegenzunehmen. Mit etwas Abstand lief hinter mir der Beifahrer, ebenfalls einen Karton tragend. Bei meinem Anblick entfuhr es dem Wirt: »Siggi, was ist mit dir los?«

Ich zischte ihm zu: »Schnauze! Man hat mich rausgeschmissen!« Ich wollte verhindern, dass mein Beifahrer meine wahre Identität erfuhr.

Interessant wurde meine Zusammenarbeit mit dem Mann, als wir Lebensmittel ausfuhren. Neben Mehl hatten wir auch weiße Fünfzig-Kilo-Säcke mit Kubazucker an Bord. Diese Tour dauerte bis in den Nachmittag. Am Ende hatten wir einen Sack Kubazucker zu viel vom Zentrallager erhalten. Kaum dass wir die Rückreise angetreten hatten und ich den Sack Zucker zum Zentrallager zurückbringen wollte, wurde mein Beifahrer unruhig. Er rutschte auf seinem Sitz hin und her. »Wo fahren wir denn hin?«, fragte er schließlich.

»Zum Zentrallager«, antwortete ich wahrheitsgemäß.

Nun ließ er die Katze aus dem Sack: »Ich habe für den Sack extra einen Abnehmer, der gut bezahlt!«, schimpfte er.

Aus ermittlungstaktischen Gründen überhörte ich seinen Einwurf und gab ihm zu verstehen, dass wir den Sack zurückbringen würden. Das geschah dann auch gegen den Widerstand meines Beifahrers.

Umso erstaunter war der Wirt der *Hoffischerei*, als ich nach meinem »Urlaub« wieder als Kriminalist bei ihm einkehrte.

Nach Beendigung meiner Nebentätigkeit war mein Erfahrungsschatz im Umgang mit Menschen in unterschiedlichen Berufen um ein großes Stück erweitert worden.

Nach Monaten der Einarbeitung als Kriminalist durfte ich einzelne Delikte selbst bearbeiten. Mein erster großer Kriminalfall waren zwei gestohlene Kaninchen in der Wohnsiedlung »Freiimfelde«, zwischen den Buna-Werken und Merseburg gelegen. Ein älteres Ehepaar, Umsiedler aus dem Böhmischen, zeigten an, dass man ihnen aus einem Stall ebendiese Kaninchen gestohlen hatte. Die Reihenhaussiedlung habe ich mit einem »Fundfahrrad« besucht. Fundfahrräder waren in den meisten Fällen gestohlene Fahrräder, welche der jeweilige Täter nach Benutzung einfach weggeworfen hatte. Solche Räder wurden in großer Stückzahl von der Polizei verwahrt, um sie später an ihre Besitzer zurückzugeben.

Innerhalb von vierundzwanzig Stunden konnte ich den Kaninchendieb ermitteln. Er wohnte am anderen Ende der Siedlung. Schon am nächsten Tag konnte ich mit meinem »Dienstfahrzeug« einen Pappkarton zustellen. Darin befanden sich die beiden Langohren. Lebend! Das Ehepaar war zu Tränen gerührt.

Die Unsitte, Fahrräder einfach mitzunehmen und dann abzustellen, wo man sie nicht mehr brauchte, hatte Ausmaße angenommen, die unsere Verwahrungsstelle eines Tages überforderten. Es war an der Zeit, sie wieder zurück an ihre Besitzer zu geben oder sie wenigstens »unters Volk« zu bringen. Hinweise in der Tagespresse fanden erfahrungsgemäß wenig Beachtung. Das musste man anders aufziehen, fand ich und machte den Vorschlag, sie auszustellen. Wegen der großen Anzahl wurde der große Sitzungssaal im Ständehaus Merseburg als Ausstellungsort gewählt. In diesem Saal hatte einmal der Staatsrat unter Walter Ulbricht getagt, und sogar Fidel Castro war in dieser heiligen Halle begrüßt worden. Welch eine Ehre für ein Fahrrad!

Nicht immer entgingen uns die Fahrraddiebe. Einige konnten wir auch dingfest machen. Bei meiner ersten Vernehmung eines solchen Delinquenten kam mir meine eigene kriminelle Vergangenheit in den

Sinn. Der Dieb war ein Student, den ich vom Sehen her kannte. Er hatte zwar gestohlen, war aber eigentlich ein armer Schlucker. Ich selbst hatte in Mittweida ein Fahrrad gestohlen. Die dadurch gewonnene Mobilität ermöglichte mir mehrere weitere Straftaten. Das schlechte Gewissen klopfte an und sagte: »Schwarz, du Schweinehund! Du hast selbst ein Fahrrad gestohlen, und jetzt machst du dem armen Studenten hier Vorhaltungen, wie verwerflich sein Handeln sei!«

Nach mehr als einem halben Jahr Ermittlertätigkeit gehörte ich einer Ermittlergruppe an, welche die Aufgabe hatte, in Bad Dürrenberg einen Brennpunkt an Einbruchsdiebstählen aufzuklären. Die Diebe waren in Geschäfte, Gaststätten und zwei Kioske eingestiegen. Bad Dürrenberg war damals noch Kurstadt. Wir wurden in einer Kureinrichtung untergebracht, mit dem Befehl: »Ihr bleibt so lange im Einsatz, bis ihr den Brennpunkt aufgeklärt habt!« Wir brauchten dafür Wochen. Aber durch Observation und Befragung ermittelten wir schließlich die Diebesbande.

Es handelte sich um eine Großfamilie sowie deren Freunde. Einer der Söhne hatte einen Sprachfehler und stotterte zum Erbarmen. Dies sollte mir Jahre später eine Geldprämie einbringen: Mein Stammlokal war zu dieser Zeit das Merseburger Hotel *Drei Schwäne*. Ich wohnte auch unweit der Gaststätte. Gegen Mitternacht machte ich mich auf den Weg nach Hause. Da traf ich auf den Stotterer von Bad Dürrenberg. *Schwarz*, dachte ich mir, *wenn morgen früh beim Rapport in diesem Stadtteil ein Einbruch zu verzeichnen ist, bitte ich den Leiter der Abteilung, mich mit dem Fall zu beauftragen.*

Tatsächlich erfuhren wir am Morgen, dass in der vergangenen Nacht in der Erzberger Straße in ein HO-Geschäft eingebrochen worden war. Nach Ende des Rapports fragte ich vor versammelter Mannschaft den Chef, was er ausgibt, wenn ich diesen Einbruch bis zum Nachmittag aufgeklärt habe. Seine Antwort: »Wenn Sie bis zum Nachmittag den oder die Täter ermittelt haben, gibt es eine Geldprämie.«

»Dann gehen Sie schon mal zum Finanzer und verlangen Sie das Geld«, erwiderte ich, denn mein Bauchgefühl sagte mir, dass der Stotterer in Frage kommt. In der Kreismeldedatei stellte ich aber überrascht fest, dass der zum jungen Mann herangewachsene einstige Dieb nun in Merseburg wohnte, noch dazu in Tatortnähe!

Ich begab mich sofort zu der angegebenen Adresse und traf den jungen Mann tatsächlich dort an. Ohne lange Vorrede fragte ich ihn: »Na, wo waren wir denn um Mitternacht gestern?«

Er brachte mühsam stotternd heraus: »Na daheeme!«

Ich nahm ihn vorsorglich mit auf die Dienststelle zur Vernehmung. Denn dass er nicht »daheeme« gewesen war, hatte ich ja selbst gesehen. In der Dienststelle angekommen, begann ich sofort die Befragung. Ich konfrontierte ihn damit, dass seine Aussage, zu Hause gewesen zu sein, eine Lüge war. Daher dauerte es mit den entsprechenden Fragen nicht mehr lange, bis er zum Geständnis kam. Ich wollte wissen: »Wie sind Sie denn in das Geschäft gekommen?« Er: »Dd-dd-dda is mir ein Steen in de Schau-Schau-Schaufensterscheibe jefallen.«

Kurz vor Dienstende hatte ich meine versprochene Geldprämie in der Tasche.

Als ich in die Lage versetzt worden war, den Vierundzwanzig-Stunden-Dienst allein zu verrichten, kam es auch zu kuriosen Erlebnissen: An einem herrlichen Sommerabend wurde gemeldet, dass auf der Landstraße von Merseburg nach Wallendorf Kühe unterwegs seien. Sicherlich waren sie aus einer Koppel ausgebrochen. Wir ermittelten die zuständige Landwirtschaftliche Produktionsgenossenschaft (LPG) und machten uns auf den Weg. Unser Kraftfahrer und ich mussten den Melker und das übrige Personal eine Weile suchen. Schließlich fanden wir alle auf dem Polterabend des Melkers. In fröhlicher, angeheiterter Stimmung wurde flugs der Polterabend unterbrochen und die Kühe eingefangen. Anschließend musste ich eine Weile mitfeiern.

Später beorderte man mich ins Sachgebiet »Landwirtschaft«. Meine Aufgabe war es, die Entwicklung der LPGs störfrei zu halten. Das heißt, ich sollte Verstöße gegen Veterinärvorschriften in der Rinder- und Schweinezucht aufdecken. Es galt, zu untersuchen, was hinter den vermehrten Vorkommnissen von Ferkelsterblichkeit steckte. Manchmal war es einfach so, dass LPG-Arbeiter ein Spanferkel für ein großes Fest »brauchten« …

Für meine neue Aufgabenstellung verkleidete ich mich. Bei der Bäuerlichen Handelsgenossenschaft

(BHG) in Merseburg kleidete ich mich neu ein. Zu meinen Lederstiefeln mit randgenähter Sohle kam eine Stiefelhose in Salz-und-Pfeffer-Optik, ein buntes Baumwollhemd, eine Joppe, eine Filzmütze. Für meine Mobilität erhielt ich ein Motorrad RT125. So ausgerüstet hatte ich das Aussehen eines Feldbaubrigadiers der LPG. Der Rucksack auf meinem Rücken enthielt meine Aktentasche. Ich war trotz des Aussehens im Dienst.

Als ich einmal in meiner bäuerlichen Ermittlerrolle nach Feierabend in der Merseburger Gotthardstraße die Gaststätte *Goldener Hahn* aufsuchte, saßen dort vier Männer an einem Tisch, denen man ansah, dass sie schon reichlich Alkohol genossen hatten. Bevor ich Platz nehmen konnte, rief einer der Männer zu mir: »Mensch, was machst du denn hier? Komm her!« Kaum dass ich mich zu ihnen gesetzt hatte, erhielt ich ein Bier und einen doppelten Korn. Mir wurde schnell klar, dass es sich bei der Trinkgesellschaft um Fleischer handelte. Nach einer weiteren Runde, die Männer wurden immer gesprächiger, rühmte sich einer zu seinen Straftaten auf dem Schlachthof in Merseburg und wie er Wurst und Fleischwaren mitgehen ließ. Redselig, wie er nun geworden war, nannte er auch Abnehmer für seine Waren. Unter dem Vorwand, am anderen Morgen zeitig aufstehen zu müssen, verließ ich die Runde. Am nächsten Morgen gab ich meine Informationen an einen Kollegen aus dem Bereich »Volkswirtschaft« weiter. Nur wenige Wochen später waren auf dem entsprechenden Schlachthof mehrere Fleischer ermittelt, welche umfangreich Schlachterzeugnisse stahlen und unter anderem damit auch Gastwirte belieferten. Wie in solchen Ermittlungserfolgen üblich, erhielten die beteiligten Kollegen eine Geldprämie. Auch mich vergaßen sie nicht.

Was ein Mensch aushalten kann, erlebte ich mit einem Studenten, der bei einer LPG bei der Ernte half. Man hatte ihn mit dem Traktor hinaus aufs Feld geschickt. Nach Feierabend fiel allerdings niemandem auf, dass sowohl Traktor als auch Erntehelfer fehlten. Erst am nächsten Vormittag wurde man auf sein Verschwinden aufmerksam. Man fand ihn an einem Ackerhang unter dem umgestürzten Traktor. Er war so eingeklemmt, dass er zwar lebte, sich aber nicht selbst hatte befreien können. Später im Krankenhaus erfuhr ich den Hergang. Er war mit dem Traktor am Hang umgekippt und darunter regelrecht begraben worden. Beine, Unterkörper und Arme konnte er nicht bewegen. Der Brustkorb und der Kopf waren aber frei. Wie lange der Traktor weitergelaufen war, wusste er nicht. Nach dem ersten Schock war ihm seine aussichtslose Lage bewusst geworden. Weil weit und breit keine Menschen waren, unterließ er es auch, zu schreien. An irgendeiner Stelle tropfte heißes Öl aus dem Getriebe und traf sein Gesicht und den Oberkörper. Durch Drehbewegungen versuchte er, zumindest mit dem Gesicht den heißen Öltropfen auszuweichen. Dann wurde er mehrfach ohnmächtig und ergab sich schließlich seinem Schicksal.

Ende 1958 hatte ich während des Kriminaldauerdienstes schon mehrfach mit dem Sachbearbeiter Werner O., welcher für das Sachgebiet »Leben und Gesundheit« verantwortlich war, zusammengearbeitet. Wir ermittelten in den Bereichen Brand und Suizid. Zu diesem Sachgebiet gehörten aber auch tödliche Verkehrsunfälle und unnatürliche Todesfälle. Auf solche Delikte sollte ich mich in diesem Fachbereich spezialisieren. Die neuen Aufgaben faszinierten mich derartig, dass ich mich entschloss, später einmal in einer Morduntersuchungskommission zu arbeiten. Auf diese Stelle konnte man sich aber nicht bewerben. Man wurde dazu berufen. Doch vorerst war ich ein blutjunger Kriminalist, der noch viele Erfahrungen sammeln musste und wollte:

Nach einem Verkehrsunfall wurde ich zum Unfallort gerufen. Ein junger Motorradfahrer war zu schnell in eine Kurve gegangen. Die Geschwindigkeit hatte ihn aus der Kurve getragen und gegen einen Baum geschleudert. Der Notarzt hatte bereits vor meinem Eintreffen den Totenschein ausgestellt. Dennoch wollte ich nicht glauben, dass der Mann tot war. Denn bei der Durchsuchung der Kleidung des Unfallopfers hatte ich noch Körperwärme gespürt. Zwischen dem Zeitpunkt des Unfalls und meinem Eintreffen war etwa eine Stunde vergangen. In der Dienststelle angekommen, schrieb ich die Unfallanzeige und kam wieder ins Grübeln. War der Mann wirklich tot? Ich musste mich vergewissern. Gegen Mitternacht ließ mir das Geschehen keine Ruhe mehr, und ich ging in die Leichenhalle.

Zu diesem Zeitpunkt war die Leichenstarre voll eingetreten. Also doch!

Zweifel am Ableben von Verkehrsunfallopfern hat es danach bei mir nie wieder gegeben. Nachhaltig ist mir immer noch ein tödlicher Verkehrsunfall auf der A9 Anfang der 1960er Jahre zwischen den Abfahrten Günthersdorf und Schkeuditz in Erinnerung. Auf einem größeren Abschnitt der A9 in Richtung München war die rechte Fahrbahn abgebaut und der begrünte Mittelstreifen mit dem Aushub meterhoch als Wall entstanden. Das heißt, der gesamte Verkehr in Richtung München fand auf der linken Fahrbahn statt. Am fraglichen Tage war es bereits dunkel, als beim Diensthabenden des VPKA Merseburg die Meldung einging, dass es an der beschriebenen Stelle zu einem tödlichen Unfall gekommen wäre. Es gäbe mehrere Tote.

Gegen zweiundzwanzig Uhr erreichten der Leiter der Verkehrspolizei und mehrere Sicherungskräfte mit mir die Unfallstelle. Zur Absicherung des unmittelbaren Unfallorts wurden in Richtung München und Berlin in gehörigem Abstand Feuer errichtet und zusätzlich vor jedem Feuer ein uniformierter Volkspolizist mit einem akkubetriebenen Leuchtgürtel postiert.

Tatsächlich war aus Richtung Berlin kommend ein Pkw »Wartburg« mit einem Pkw »Trabant« frontal auf der einspurigen Fahrbahn ineinandergekracht. Bei den dabei fünf getöteten Personen war auch ein Ehepaar. Als wir schon geraume Zeit mit der Unfallaufnahme zu tun hatten, hörte man aus Richtung Günthersdorf ein Poltern und Krachen, woraufhin eine beängstigende

Stille eintrat. Der vor dem errichteten Feuer postierte Polizist war nicht mehr zu sehen.

Mit dem Leiter der Verkehrspolizei rannte ich in Richtung des Feuers, wo vom Polizisten immer noch jede Spur fehlte. Unweit hinter dem Feuer leuchtete auf einmal der Sicherungsgürtel des Gesuchten auf der Dammkrone. Oben angekommen, wurde gefragt, was denn überhaupt passiert sei. Der Polizist, offensichtlich noch nicht in der Lage zu sprechen, zeigte ins Dunkel zum angrenzenden Abhang der Autobahn. Fast am Fuße des Dammes in Richtung Berlin stand parallel zum Abhang ein Pkw, dessen beide Scheinwerfer ein schwaches Standlicht zeigten. Im Pkw regte sich nichts.

Nun war es auch möglich, mit dem Polizisten zu sprechen. Von ihm erfuhren wir, dass er bei der Absicherung der Unfallstelle nur durch einen Sprung zur Seite sein Leben gerettet hatte, als aus Richtung Günthersdorf mit sehr hoher Geschwindigkeit ein Pkw auf ihn zugerast kam. Der Pkw sei schräg über die Kuppel des Walls plötzlich verschwunden gewesen. Dieses Gespräch fand auf der Dammkrone statt, von wo wir aber gleichzeitig immer den Pkw im Auge behielten. War darin ein Toter – oder gar mehrere? Obwohl Atheist, flehte ich innerlich: *Lieber Gott, bitte nicht noch einen Toten!*

In dieser Situation öffnete sich die rechte Beifahrertür des schrägstehenden Pkw einen Spaltbreit, um nach und nach ganz langsam aufzugehen. Anfänglich war nur der Kopf eines Menschen zu sehen. Hierzu muss ich bemerken, dass wir dieses Geschehen nur durch das Licht einer Taschenlampe wahrnehmen konnten. Danach und auffällig langsam stieg wie aus einer U-Boot-Luke ein Mann aus und setzte sich auf den rechten Kotflügel. Nun herrschte ihn der Leiter der Verkehrspolizei an: »Kommen Sie sofort hier hoch!«

Offensichtlich unverletzt, aber noch unter Schock stehend, kroch der Mann zu uns hoch. In der Folge stellte sich heraus, dass dieser bei der Berufsfeuerwehr des Senats in Westberlin arbeitete und auch in Westberlin wohnte. Kurzerhand wurde er zu unserer Dienststelle nach Merseburg verbracht. Nach diesen aufregenden Minuten konnten wir ungestört die Unfallaufnahme fortführen und noch in der Nacht abschließen.

Am Morgen des folgenden Tages habe ich den Mann zu seiner Verkehrsgefährdung vernommen. Die Äußerung zur Ursache seines Verhaltens habe ich noch heute in den Ohren: »Ick bin da mit mehr als hundert Knoten in Richtung Berlin jefahrn, als ick plötzlich vor mir een Feuer mitten auf der Fahrbahn sah und daneben einen Vopo mit einem Leuchtgürtel um den Bauch. Ick sagte mir, ehe ich den Vopo mitnehme, mache ick mich lieber nach links weg.« Den Aufprall seines Pkw auf den Aushub und das Überfliegen der Dammkrone bis zur Landung am Fuße des Autobahndammes habe er nicht mehr wahrgenommen und sei erst später zu sich gekommen. Außer leichten Prellungen und einer sichtbaren Beule an der Stirn hatte der Mittdreißiger keine Verletzungen davongetragen. Nach Ableisten einer Geldstrafe bat er mich um die Bestellung eines Taxis, das ihn zu seinem Pkw am Fuße der Autobahn bringen sollte. Tage später erfuhr ich vom zuständigen ABV, dass der Feuerwehrmann von einem nahe gelegenen Bauernhof ein Pferdegespann orderte, mit welchem er seinen Pkw vorerst abschleppen ließ. Nach der Reparatur eines der vier Räder sei der Mann nach Westberlin gefahren.

Genau wie der Feuerwehrmann überlebten dank mehrerer Schutzengel zwei meiner Kollegen und ich einen schweren Verkehrsunfall, nachdem ich in einer LPG den Tod eines Elektrikers untersucht hatte.

Es war an einem Samstag bei hochsommerlichem Wetter. Wie damals üblich arbeiteten wir samstags bis dreizehn Uhr. Der Witterung entsprechend trug ich eine leichte, helle Hose, ein T-Shirt und gerade neu gekaufte Sandaletten. Die Gedanken an ein schönes sommerliches Wochenende verflogen abrupt gegen elf Uhr. Im VPKA wurde beim Operativen Diensthabenden ein tödlicher Betriebsunfall in einer LPG angezeigt.

Mit einem Dienstkraftwagen »F9 Kübel«, an dessen Steuer der Kriminaltechniker Manfred saß, fuhren wir zu dritt zu der LPG in der Nähe von Bad Lauchstädt. Zeitgleich mit uns traf ein Mitarbeiter der Arbeitsschutzinspektion des Kreises Merseburg am Ereignisort ein.

Während unser Kriminaltechniker mit dem Arbeitsschutzinspektor die Spurensuche und -sicherung vornahm, haben der Ermittler Otto und ich die Unfallzeugen vernommen.

Es wurde im Ergebnis kein Fremdverschulden festgestellt. Der tödlich verletzte Elektriker hatte den Auftrag gehabt, auf dem Betriebsgelände eine stromführende Oberleitung zu demontieren. Als er an einer Baracke den hölzernen Lichtmast erklommen hatte, durchtrennte er die zuvor abgeschnittene Leitung – nicht ahnend, dass der im Erdreich installierte Lichtmast verfault war. Der Mast brach nach Durchtrennung der letzten Leitung um und erschlug den Mann.

Es war bereits nach sechzehn Uhr, als wir diesen Einsatz beendeten. Nicht das soeben Erlebte, sondern auch die Tatsache, dass dieser Samstag erst weit nach Dienstschluss enden würde, ließ jeden von uns seinen Gedanken nachhängen. Wortlos fuhren wir zurück. Zwischen Schafstädt und Bad Lauchstädt bis zur Ortschaft Großgräfendorf war damals grobes Kopfsteinpflaster. Links und rechts der Fahrbahn säumten alte, dickstämmige Obstbäume die Straße. Die Sitzverteilung im Auto war die gleiche wie auf der Hinfahrt. Manfred war der Fahrer, Otto saß auf dem Beifahrersitz und ich auf der Rückbank. Das abklappbare Verdeck des F9 war geschlossen. Manfred jagte das Gefährt mit hoher Geschwindigkeit über das Kopfsteinpflaster. Wegen fehlender Federung herrschte im Inneren ein zum Teil ohrenbetäubendes Poltern. In dieser Situation kam es zu einem lauten Knall. Dann drückten mich Fliehkräfte gegen die Rückenlehne. Automatisch erfasste ich mit beiden Händen den Metallbügel, an welchem zwei Halterungen für Langwaffen angebracht waren. Der Metallbügel ging quer durch die Fahrerkabine und befand sich zwischen den Vordersitzen und der Rückbank.

Dann hob das Fahrzeug von der Fahrbahn ab und schlingerte kreuz und quer über das runde Pflaster und über den seitlich verlaufenden Sommerweg. Der F9 prallte mehrfach von den Obstbäumen ab. Noch einen Augenblick später konnte ich mich nicht mehr am Bügel festhalten. Ich sah, wie sich meine Hände davon lösten. Ein furchtbarer Schlag beendete diese surreale Situation, und mit einem Mal wurde es dunkel.

Als ich zu mir kam, lag ich außerhalb des Fahrzeugs in Bauchlage auf dem Sommerweg. In einiger Entfernung sah ich den Pkw. Dieser befand sich unmittelbar hinter einem Obstbaum in entgegengesetzter Fahrtrichtung auf der rechten Seite. Noch in Bauchlage verschaffte ich mir einen ersten Überblick. Ich versuchte, aufzustehen. Ich sah meine offenen Wunden an beiden Schienbeinen und an den Knien. Zur Probe bewegte ich meine Fußgelenke. Sie waren intakt. Aber die neu gekauften Sandaletten waren weg! Schlimmer wurde die Situation, als ich Otto über Rückenschmerzen klagen hörte. Er lag in einem flachen Graben am Feldrand. Manfred sah ich vorerst nicht, hörte aber ein Stöhnen im abgewrackten Fahrzeug. Mit dem Brustkorb eingeklemmt, fand ich ihn hinter dem Lenkrad vor. Irgendwie brachte ich ihn aus dieser gefährlichen Lage heraus und bat ihn, in Rückenlage neben dem Fahrzeug liegen zu bleiben. Otto klagte unterdessen weiter über Rückenschmerzen. Ich ging zu ihm und forderte auch ihn auf, nicht aufzustehen, bis Hilfe da sei.

Jetzt bemerkte ich eine Person, welche über das Feld zur Unfallstelle gerannt kam. Es war offensichtlich ein

Bauer, der den Unfall bemerkt hatte. Ich bat ihn, ins Dorf zu laufen und die Polizei in Merseburg telefonisch zu informieren, dass wir als Polizei selbst einen Unfall hatten. Es dauerte eine Weile, bis unser Ersthelfer zurückkehrte. Er teilte uns mit, dass ein Arzt verständigt sei. Noch vor der Ankunft der Verkehrsunfallbereitschaft unserer Dienststelle erschien der Arzt. Er kümmerte sich bis zum Eintreffen des Krankentransports zuallererst um meine beiden Kollegen.

Während diese stationär aufgenommen wurden, ließ ich mich nach Hause entlassen. Dies natürlich erst, nachdem meine offenen Wunden versorgt und eine leichte Gehirnerschütterung diagnostiziert waren. Das war möglicherweise ein Fehler, denn ich hatte noch wochenlang mit erheblichen Entzündungen meiner Unterschenkel zu Hause auszuharren. Da waren Otto und Manfred längst aus dem Krankenhaus entlassen.

Im Nachgang zu diesem Ereignis, unserem »zweiten Geburtstag«, kam als Ergebnis der verkehrspolizeilichen Untersuchung der Unfallursache Folgendes heraus:

Der Achsschenkel des rechten Hinterrads musste schon im Vorfeld einen Anbruch gehabt haben. Das ergab die Materialprüfung. Das grobe Kopfsteinpflaster hat den Abriss des Achsschenkels mit dem dazugehörigen Reifen verursacht. Die Vermessung der Unfallstelle ergab, dass wir 40,5 Meter Höllenfahrt auf beiden Straßenteilen erlebten, bevor wir uns mit dem Fahrzeug um den dicken Baum wickelten.

Der Bauer, welcher zuerst an der Unfallstelle erschienen war, hatte Feldarbeiten verrichtet, als er aus Richtung der Landstraße einen kräftigen Knall hörte und über den Kronen der Obstbäume einen dunklen Gegenstand fliegen sah. Im gleichen Moment bemerkte er unser außer Kontrolle geratenes Fahrzeug. Auf der Suche nach jenem fliegenden Gegenstand hatte die Verkehrspolizei das Hinterrad mit anhängendem Achsschenkel gefunden.

Meine neuen Sandaletten sind auch gefunden worden. Leider waren die Schnallen aus ihren Befestigungen gerissen und das Schuhwerk damit unbrauchbar. Aber das neu geschenkte Leben wog diesen Verlust auf.

Bis 1965 untersuchte ich Suizide, tödliche Verkehrsunfälle, gefährliche Körperverletzungen, Vergewaltigungen und die Tötung von Kleinstkindern. Verheimlichen möchte ich an dieser Stelle nicht, dass mich Straftaten an Neugeborenen und Säuglingen emotional sehr bewegten. Das rührte daher, dass wir auf der Flucht vor der Front, damals 1945, auf dem Gelände eines Krankenhauses übernachtet hatten. Dort, in einem gefliesten Raum, stießen ein gleichaltriger Junge und ich auf zwei Badewannen, die gefüllt mit den Leichen von Babys waren. Dies hinterließ bei mir einen sehr nachhaltigen Eindruck.

Einer meiner ersten Fälle in dieser Hinsicht berief mich gemeinsam mit Werner O. und dem Kriminaltechniker Harry P. an das Nordufer des Merseburger Gotthardteiches. Dort hatte ein Fußgänger am befestigen Mauerufer ein totes Baby entdeckt. Wir führten die Tatortarbeit durch, während noch am gleichen Tag im Kreiskrankenhaus Merseburg durch Ärzte der Gerichtsmedizin der Martin-Luther-Universität Halle-Wittenberg die Obduktion der kleinen Leiche durchgeführt wurde. Im Ergebnis dieser Untersuchung stand fest, dass das Kind voll ausgereift war und nach der Geburt längere Zeit gelebt hatte. Die Lungen waren voll beatmet. Todesursache war Ersticken. Neben der Blutgruppe fanden wir Verpackungsmaterial. Dieses wurde gereinigt: zwei bunte Handtücher sowie eine mehrfarbige, größere Decke. Alles wurde am nächsten Tag im Zentrum von Merseburg in der Schaufensterauslage eines Geschäfts der Bevölkerung gezeigt. Neben den Sachen lag ein Aufruf zur Mithilfe beim Auffinden der Kindsmutter. Bereits zwei Tage später konnte die Mutter ermittelt und zum Verhör abgeholt werden.

Bei Lesungen wurde ich schon öfters zu diesem Thema befragt. Es fällt mir bis heute schwer, dieses Kapitel meiner Arbeit zu beschreiben. Aufgrund der Nachfrage stelle ich an dieser Stelle drei sehr grausame Fälle vor, welche sich in Halle (Saale) ereigneten:

Im ersten Fall musste in einer kinderreichen Familie das zuletzt geborene Kind als Prügelknabe herhalten, wenn es zwischen den Geschwistern oder Eltern Auseinandersetzungen unterschiedlicher Art gab. Essensentzug und Schläge gab es anfänglich. Später installierte der Kindsvater in einer Zwischentür der Wohnung einen hölzernen Verschlag mit einer von außen verschließbaren Klappe. In diesem Verschlag wurde anfänglich das noch nicht schulpflichtige Kind nur tagsüber verwahrt. Schlafen durfte es außerhalb. Später durfte es den Verschlag gar nicht mehr verlassen. Sogar seine Notdurft verrichtete das Kind in diesem »Stall«. Den Geschwistern war untersagt, Essbares hineinzugeben. Natürlich begann die Matratze in dem kleinen Gefängnis daher zu stinken. Decken und Unterlagen entsorgten dann die Eltern. Dies blieb unbemerkt, bis das Kind schulpflichtig wurde. Die Eltern wurden vorgeladen und sollten das Kind dem Amtsarzt vorstellen zur Schultauglichkeitsuntersuchung. Als Eltern und Kind nicht erschienen, schaltete sich sowohl das Schulamt als auch die Jugendhilfe ein. Von beiden Eltern wurde erklärt, man habe vor Jahren das Kind nach Mecklenburg zu Pflegeeltern gegeben. Unter der von den Eltern angegebenen Adresse wusste man von dem Kind aber nichts. Nun kam es zu einer Anzeige. Beim Ermittlungsverfahren waren schließlich beide Elternteile geständig. Der Kindsvater gestand die vorsätzliche Tötung des Kindes und die Beseitigung des Leichnams durch Verbrennung. Das Gericht verurteilte die Eltern wegen des einvernehmlich begangenen Mordes zu einer lebenslangen Freiheitsstrafe.

Im zweiten Fall handelte es sich um eine grob fahrlässige Körperverletzung mit Todesfolge. In einer halleschen Wochenkrippe hatte eine berufstätige Mutter zur Winterzeit wie jeden Montag vor Arbeitsbeginn ihr Kleinkind in die Krippe gebracht. Da die Mutter es eilig hatte und ihr Kind nicht wecken wollte, sagte sie der anwesenden Erzieherin nur kurz Bescheid, stellte den Wagen mit dem schlafenden Kind im Flur der Einrichtung ab und verließ diese. Nie konnte zweifelsfrei geklärt werden, was danach passierte. Als die Kindsmutter am Freitag das Kind aus der Krippe abholen wollte, bekam sie von einer Angestellten die Antwort: »Ihr Kind wurde diese Woche doch gar nicht in der Krippe versorgt.« Sowohl das Personal als auch die Kindsmutter, nun in Panik geraten, fanden letztlich das Kind in seinem Wagen im Abstellraum für die Kinderwagen tot auf. Wenn ich mich recht erinnere, wurde die Leiterin der Einrichtung zu einer Bewährungsstrafe verurteilt.

Im dritten Fall handelte es sich um die Entführung eines Kindes mit Kinderwagen am helllichten Tage auf dem Marktplatz in Halle. Der Kinderwagen mit einem Säugling war vor dem Eingang eines großen Warenhauses durch die Kindsmutter abgestellt worden. Während des Einkaufs der Mutter verschwand der Wagen spurlos. Die Entführung kam sofort durch die Kindsmutter zur Anzeige. Die umgehend aufgenommenen Ermittlungen am Tatort erbrachten keinerlei Anhaltspunkte zum Auffinden des Kindes oder des Kinderwagens. Als Untersuchungsführer habe ich eindringlich die polizeiliche Führung ersucht, Lautsprecherfahrzeuge in der Stadt Halle einzusetzen, um so Hinweise zu erhalten oder gar das Kind aufzufinden. Dieser Vorschlag wurde kategorisch abgelehnt. Man würde dadurch die Bevölkerung beunruhigen. Mehr als vierundzwanzig Stunden später hatte ich endlich erreicht, dass ein Lautsprecherfahrzeug im Stadtgebiet Halle zum Einsatz kam. Tags darauf meldete sich eine Frau.

Sie habe am Tage der Entführung des Kindes eine ledige junge Hausmitbewohnerin mit einem Kleinstkind in einem Kinderwagen beobachtet, als diese den Hauseingang betrat. Noch nie habe sie zuvor die Frau mit einem Kinderwagen oder einem Säugling erlebt. Die nun namentlich bekannte Frau wurde vorläufig festgenommen und vernommen. Letztlich gab sie die Entführung zu und auch den Verbringungsort von Kinderwagen und Säugling. Auf dem Dach eines Anbaus am Wohnhaus fanden wir den toten Säugling. Vor Wut und Verzweiflung schrie ich den Hof an. Hätten wir sofort das Lautsprecherfahrzeug eingesetzt, wäre der Säugling noch am Leben. Davon bin ich bis heute überzeugt. Wie sich später herausstellte, war die psychisch gestörte junge Frau nicht in der Lage, den Säugling entsprechend zu versorgen. Ein ausgeprägter Kinderwunsch war das Motiv für das Handeln dieser Frau gewesen.

In einer Kreisstadt im Süden des Bezirks Halle wurden hintereinander Kleinkinder in ihren Familien getötet. Teils waren diese Delikte latent geblieben, weil sie als »natürliche Todesfälle« oder Unfälle abgeschlossen worden waren. Wir ermittelten, dass es sich mitnichten um solche handelte. Nach Abschluss dieser Ermittlungen fragte ich einen Kriminalisten, ob er noch solche Fälle in der Hinterhand habe. Er nannte mir einen bereits als Unfalltod abgeschlossenen Fall, bei dem angeblich ein Kleinkind sein Geschwisterkind, einen Säugling, mit einem Kopfkissen erstickt haben sollte. Das Baby habe im Gitterbett geschlafen. Sein Bruder habe aus dem Bett der Eltern ein Kissen genommen und dieses über die Gitterkante auf das Baby geworfen. Das kam mir sehr unglaubwürdig vor. In einer Kindereinrichtung habe ich mit einem gleichgroßen und gleichaltrigen Jungen ein Experiment durchgeführt. Natürlich sollte er das Kissen nicht auf einen schlafenden Säugling werfen. Besagter Knabe und sogar etwas stärker veranlagte Kinder waren nicht in der Lage, ein derartiges Kopfkissen über das Gitter des Kinderbetts zu befördern. Betreten und verunsichert wohnte der Kriminalist dem Experiment bei. Am anderen Tag ließ ich mir die Mutter des getöteten Kindes vorführen. Am Nachmittag legte sie ein Geständnis ab und gab an, das Kind getötet zu haben, weil es ihrem Mann sehr ähnelte, welcher sie verlassen hatte.

Eine Studentin aus Halle kam in Untersuchungshaft, weil sie nach einer verheimlichten Schwangerschaft ihr Neugeborenes getötet hatte. Hauptmotiv war, dass ihr jahrelanger Freund sich von ihr lossagte, als sie ihm mitteilte, dass er Vater werde. Nach Abschluss der umfangreich geführten Ermittlungen und der Tatsache, dass sie nicht nur voll geständig war, sondern kooperativ von Anfang bis Ende, beantragte ich bei der Staatsanwaltschaft die Aufhebung der Untersuchungshaft. Den stattgegebenen Antrag teilte ich persönlich der Beschuldigten mit.

Wenige Tage vor ihrer Entlassung aus der Untersuchungshaft informierte mich telefonisch der Leiter der U-Haftanstalt, dass die Beschuldigte mir gegenüber noch etwas auszusagen hätte. Es sollte aber vor ihrer Entlassung geschehen. Meine Annahme, sie wolle noch etwas Wichtiges zum Tatgeschehen mitteilen, war falsch. Vielmehr erfuhr ich von ihr, dass ein Vollzugswachmann ihr gegenüber erklärt hatte, dass er einen gehörigen Anteil daran hätte, dass sie aus der Untersuchungshaft entlassen wird. Weil er aber in der Haftanstalt über Einzelheiten mit ihr nicht sprechen könnte, schlug er ein Treffen am Bunabrunnen in der Theodor-Neubauer-Straße in Halle vor. Auf diesen Vorschlag sei sie zwar eingegangen, wollte aber mich davon in Kenntnis setzen, weil sie sich unsicher fühlte. Der angegebene Grund für das vorgeschlagene Treffen war vom Wachmann frei erfunden. Er hatte weder Kenntnisse aus stattgefundenen Vernehmungen noch den Gründen der Aussetzung der U-Haft. Um Klarheit über das Vorhaben des Wachmanns zu bekommen, sagte ich der Beschuldigten, sie solle auf den Vorschlag eingehen und sich mit ihm treffen. Um ihre Sicherheit müsste sie nicht fürchten. Nur wenige Tage nach ihrer Entlassung wollte der Wachmann zur festgelegten Zeit am Brunnen die Beschuldigte kontaktieren. Was weder die Beschuldigte noch der Wachmann wussten, war die Tatsache, dass wir durch die Observation aus gehöriger Entfernung aus einem Dienstkraftwagen heraus das Eintreffen der Frau am Brunnen erlebten. Und wenig später erschien der Wachmann, nun in Zivil gekleidet, auf der Bildfläche. In dem Moment, wo er unmittelbar vor ihr ankam, fand das Treffen schon sein Ende. In der anschließenden Befragung des Mannes erfuhren wir, dass er beabsichtigt hatte, mit ihr anzubandeln. In einem entsprechenden Bericht an den Leiter des Untersuchungsgefängnisses wurde darauf hingewiesen, dass die Beschuldigte in keiner Weise an einer Beziehung mit dem Wachmann interessiert sei.

Mehr als einmal kam es vor, dass Fahrzeuge der Sowjetischen Streitkräfte in Verkehrsunfälle verwickelt wurden. Oftmals waren sie auch selbst Verursacher. Für die sowjetische Seite war ein Offizier der Unfallsachbearbeiter. Nach jedem Unfall stellte er zunächst die Schuld seiner Leute in Frage oder versuchte, sie kleinzureden. Gern sprach er auch von »Prozenten« an der Schuld. Prompt kam von ihm der Standardsatz: »Meine Leute keine Schuld! Vielleicht dreißig Prozent, deine Leute Schuld siebzig Prozent.«

Einmal kam es zu einem Zusammenstoß zwischen einem sowjetischen Lkw und einem Bus des Kraftverkehrs Merseburg. Der Unfall fand hinter einer Bahnunterführung statt und war daher für beide Seiten schlecht einsehbar. Der sowjetische Lkw war aufgrund überhöhter Geschwindigkeit von seiner Fahrbahn abgekommen und auf der Gegenfahrbahn gelandet, auf welcher der Bus unterwegs war. Es gab einen frontalen Zusammenstoß. Dieses Mal kam der sowjetische Sachbearbeiter nach mir zum Unfallort. Ich kostete meinen Triumph aus und erfragte seinen Standardsatz: »Na, mein Freund, wie viel Prozent hast du heute auf Lager?« Er antwortete zerknirscht: »Scheiße! Heute wir hundert Prozent!«

Jahre später, als ich schon als Untersuchungsführer

bei der Morduntersuchungskommission (MUK) war, kam es in der Südstadt von Halle (Saale) zu der Tötung eines Mannes, welcher häufig dem Alkohol zugesprochen hatte. Gewöhnlich hielt er in seiner Wohnung mit vorwiegend männlichen Personen Trinkgelage ab. Schon beim Betreten der Plattenbauwohnung roch es stark nach »Russenbenzin«. So nannte man landläufig ein Parfüm russischer Herkunft. Im Wohnzimmer der Parterrewohnung lag auf dem Fußboden mit blutigen Schädelverletzungen der Geschädigte. Um diesen herum verteilt sahen wir Glasscherben, unter anderem von einer Bierflasche. Offensichtlich war dies auch der Tatort. Im Korridor über einem Wandspiegel fanden wir auf der Hutablage zwei graue sowjetische Pelzmützen mit Kokarden. Diese gehörten zweifelsfrei zur Uniform der Sowjetarmee. Noch aufhellender über deren Herkunft war die Tatsache, dass in der Stirninnenseite beider Mützen mit blauem Farbstift zwei unterschiedliche Namen in kyrillischer Schrift den jeweiligen Mützenträger auswiesen.

Am darauffolgenden Tag bekam ich in Absprache mit dem Militärstaatsanwalt der Nationalen Volksarmee (NVA) einen Termin beim sowjetischen Militärstaatsanwalt in der Garnison »Heide«. Die als Beweismittel gesicherten Mützen mit ihrem aufdringlichen Parfümgeruch müssen den Staatsanwalt ohne Umschweife dazu gebracht haben, uns für den nächsten Tag einen Termin einzuräumen. Am Nachmittag des nächsten Tages erschienen wir also erneut in der Garnison. Anhand der gesicherten Mützen und der darin eingetragenen Namen hatte man noch in der Nacht die beiden Mützenträger ermittelt. Es handelte sich um zwei sehr junge Soldaten, welche unerlaubt die Garnison in Halle-Süd verlassen hatten. Sie hatten bereits gestanden, unter Alkoholeinfluss den Geschädigten durch Schläge mit einer Bierflasche und Faustschläge auf den Kopf und ins Gesicht verletzt zu haben. Als sich der Geschädigte am Boden nicht mehr rührte, seien sie in Panik geraten und ohne ihre Pelzmützen aus der Wohnung geflüchtet. Am Ende des Gesprächs mit dem Staatsanwalt ließ dieser beide Soldaten vorführen. Frisch eingekleidet und etwas müde wirkend saßen mir gegenüber zwei Soldaten der Sowjetarmee. Beide nicht älter als achtzehn oder neunzehn Jahre. Im Beisein eines Dolmetschers beantworteten sie die von mir gestellten Sachfragen.

Die Fälle von Vergewaltigung, in welche ich als Ermittler involviert war, wurden zu hundert Prozent aufgeklärt. Ein Großteil wurde von heranwachsenden, jugendlichen Männern begangen, hauptsächlich nach Tanzveranstaltungen im dörflichen Milieu.

Ich erinnere mich an die Anzeige einer fünfzehnjährigen Oberschülerin, die mir im Beisein ihrer Mutter glaubhaft versicherte, dass sie von sowjetischen Jägern vergewaltigt worden sei. Es war Winter mit viel Schnee. Auf dem Schulweg aus einem Dorf nach Merseburg soll einer der Russen im Beisein von zwei anderen Jägern das Mädchen vergewaltigt haben. Spuren zu suchen, war in diesem Falle nutzlos. Die geschilderte Tat lag einen ganzen Tag zurück. In der Zwischenzeit hatte es weitergeschneit. Es lag ein ärztliches Attest vor, wonach das Mädchen defloriert wurde. Wegen der Schilderungen des Mädchens und des Attestes wurde ein »Ermittlungsverfahren gegen unbekannt« eingeleitet.

In solchen Fällen wurde sofort Kontakt mit der Kommandantur der Sowjetischen Streitkräfte aufgenommen. Wenige Tage später bekam ich vom Dolmetscher des Kommandanten die Information, dass tatsächlich drei sowjetische Offiziere ermittelt worden waren, die zu der von der Schülerin angegebenen Zeit in der Elsteraue jagen gewesen waren. Ich erhielt die Erlaubnis, die drei Männer im Beisein eines Dolmetschers anzuhören. Tags darauf saß ich in der Kommandantur. Im Beisein des Dolmetschers schilderte der Kommandant das Ermittlungsergebnis: Am fraglichen Morgen seien drei ältere Offiziere jagen gewesen. Alle Männer seien verheiratet und lebten mit ihren Familien in der Garnison. Ein Zusammentreffen mit der Schülerin habe es jedoch nie gegeben. Nachdem er mir dies mitgeteilt hatte, holte er die betreffenden Offiziere. Im folgenden Gespräch erfuhr ich, dass zwei der Männer bereits im Zweiten Weltkrieg an der Front gekämpft hatten und im besiegten Deutschland waren.

Nach dieser Informationslage fing ich an der Schilderung der Schülerin zu zweifeln an. Meine Zweifel machte ich auch gegenüber unserem Leiter des Volkspolizeikreisamts Merseburg geltend. Wir kamen überein, die Schülerin als Geschädigte noch einmal zu vernehmen. Eine Mitarbeiterin des Referats Jugendhilfe des Rates des Kreises war bei der Vernehmung anwesend.

Zunächst blieb das Mädchen bei seiner Aussage, dass es vergewaltigt worden sei. Als ich die angeblich Geschädigte aber damit konfrontierte, dass tatsächlich drei sowjetische Offiziere jagen gewesen waren, aber an keiner Stelle auf sie gestoßen waren, wurde sie nervös. Noch unruhiger wurde sie, als ich ihr zu verstehen gab, dass die drei Männer verheiratet waren und mit ihren Kindern und Familien in Merseburg wohnten. Ich machte gleich weiter und erklärte ihr klar heraus, dass ich bezweifelte, dass sie durch Vergewaltigung defloriert worden sei. Das waren sicher andere Umstände gewesen. Sie schwieg eine ganze Weile. Endlich gab sie zu, dass sie die verübte Straftat erfunden hatte. Sie war an dem fraglichen Morgen gar nicht erst in die Schule gegangen, sondern gleich zur Wohnung ihres Freundes. Dort wollten und hatten die beiden den ersten Geschlechtsverkehr des Mädchens vollzogen. Womit die Jugendliche nicht gerechnet hatte, war die eintretende Blutung gewesen. Das hatte sie sehr erschreckt. Deshalb lief sie nach Hause. Dort konnte sie aufgrund des christlichen Hintergrunds der Eltern, und weil sie sich schämte, die Wahrheit nicht sagen. So erfand sie die Geschichte mit den Russen.

Zum Thema Suizid fällt mir auch eine ungewöhnliche Situation ein. An einem herrlichen Hochsommertag wurden wir kurz nach Sonnenaufgang in ein Dorf nahe Merseburg gerufen. Dort hatte sich im Zwinger seines Schäferhunds ein Mann stranguliert. Zum Problem wurde der Schäferhund, weil der knurrend sein verstorbenes Herrchen verteidigte. Eine Frau hatte uns Zutritt zu dem Grundstück gewährt. Sie ließ den hinzugerufenen Arzt und mich am Hundezwinger allein und verschwand im Haus, als ob sie ihrer Pflicht damit Genüge geleistet hätte. Nach mehreren Versuchen, den Zwinger zu betreten, brachen wir die Aktion ab. Ich ging daraufhin ins Haus und bat die Frau, welche sich als Schwiegermutter des Verstorbenen vorstellte, den Schäferhund ins Haus zu holen, bis wir unsere traurige Pflicht vollendet hätten. Als der Hund verschwunden war, machten sich Kriminaltechniker Harry P. und der Arzt an die Arbeit.

Jemand hatte den im Ort wohnenden Tischler informiert. Dieser brachte auf einem Holzkarren einen unbehandelten Holzsarg. Ein letztes Mal trafen die Strahlen der Sommersonne das Antlitz des Toten, bevor sich der Deckel für immer darüber schloss. Der Tischler zuckelte den Sarg mit dem Toten zum nahe gelegenen Friedhof. Erst als sich der Tischler mit seinem Handkarren vom Grundstück entfernt hatte, erschien im Hof die Schwiegermutter. Sie zeigte sich wenig emotional berührt vom Dahinscheiden ihres Schwiegersohns. Stattdessen fragte sie mich: »Hatte er noch Geld einstecken?«

Mir blieb der Mund offenstehen. Diese Frage hat mich fast umgehauen. *Der arme Kerl*, dachte ich. So eine Schwiegermutter wünscht man seinem ärgsten Feind nicht.

Die Ermittlungen zum Motiv des Suizids endeten tatsächlich mit dem Ergebnis, dass es zwischen der

Schwiegermutter und dem nun verstorbenen Schwiegersohn andauernd, besonders fiskalische, Streitigkeiten gegeben hatte.

In meine Merseburger Zeit fällt auch eine Mordsache, bei der sich zwei Einbrecher dermaßen in die Haare gerieten, dass einer den anderen erschlug. Problem der beiden war die Teilung des erbeuteten Diebesguts. Das Recht des Stärkeren siegte in Form einer Eisenstange, mit der einer der Einbrecher erschlagen wurde.

Der Fall wurde durch die Morduntersuchungskommission Halle untersucht. Mit dem Leiter der MUK, Erich D., traf ich auf einen Kriminalisten, wie er in manchen Kriminalfilmen dargestellt wird. Dieser mittelgroße Mann beeindruckte mich sehr. Nicht nur sein gepflegtes Aussehen, sondern auch seine Kleidung fand ich bemerkenswert. Er trug glänzende braune Lederhalbschuhe, einen braunen Anzug, ein dazu passendes Oberhemd mit Krawatte. Das alles war noch nichts Besonderes. Aber er trug auch einen langen braunen Ledermantel, ein farbiges Seidentuch um den Hals und als Kopfbedeckung einen farblich passenden Hut.

Auch die Art der Vernehmung interessierte mich. Ich durfte dieser beiwohnen und schrieb das Vernehmungsprotokoll. Für mich war es eine Lehrstunde für Vernehmungsführung.

Es sollte nicht mehr lange dauern, bis ich meinem erträumten Wunsch, mich ausschließlich mit Tötungsdelikten und deren Aufklärung zu beschäftigen, näherkam.

IV

Die Kardinalfrage · Ab ins Kommissariat II · Schonungslose Kritik · Aushilfe in der Morduntersuchungskommission · Eine Vermisstenanzeige – in Wirklichkeit ein latenter Mord · Zusammenarbeit mit dem MfS · Ermittlungsarbeit in der MUK · Ein teuflischer Plan – Wie bringe ich meine Frau um? · Eine fehlende Leichenschau verhindert schnelle Aufklärung eines Tötungsdelikts · Der Tote im Schnee · Studium im Fach Kriminalistik

Dezember 1964. Volkspolizeikreisamt Merseburg, Abteilung Kriminalpolizei. Mein Telefon klingelte. Am anderen Ende meldete sich die Sekretärin des Leiters der Abteilung Kriminalpolizei, Christa Z.: »Genosse Schwarz, der K-Leiter verlangt nach Ihnen.«

Bevor ich mein Zimmer verließ, öffnete ich mein »Sündenregister« und fragte mich, was wohl der Leiter von mir wolle.

In seinem Vorzimmer stand mir ein unbekannter Mann gegenüber. Der, ich und der Leiter betraten das Zimmer. Mein Chef bot dem Unbekannten seinen Stuhl hinter dem Schreibtisch an. Ungewöhnlich! Ich selbst sollte davor Platz nehmen. Dann verließ der Leiter das Zimmer. Das geheimnisvolle Zusammentreffen hellte sich schlagartig auf, nachdem wir allein im Büro waren.

Vor mir saß ein mittelgroßer Mann, etwa Mitte fünfzig. Er hatte eine schlanke, sportliche Figur und volles dunkelblondes Haar. Er zog aus der rechten Außentasche seines Sakkos einen Tabaksbeutel und ein Päckchen Zigarettenpapier und legte beides vor sich auf den Schreibtisch. Dann begann er seinen Monolog: »Mein Name ist Gerhard F. Ich bin der künftige Dezernatsleiter des Dezernats II der Abteilung Kriminalpolizei in der Bezirksbehörde der Deutschen Volkspolizei Halle (Saale).«

Während der Nennung all seiner Titel drehte er sich von Hand sehr geübt eine Zigarette aus dem süßlich duftenden Tabak. Dann zündete er sie mit einem Feuerzeug an und inhalierte tief. Den Rauch ausblasend fuhr er fort: »Genosse Schwarz, ich reise schon einige Wochen durch den Bezirk Halle, um für die Umstrukturierung der Kriminalpolizei auf Bezirksebene Personal zu gewinnen. Nicht nur hier, im Bezirk Halle, in der gesamten Republik treten Veränderungen für die Kriminalitätsbekämpfung ein. In den jeweiligen Bezirken wird es ab dem Jahr 1965 innerhalb der Kriminalpolizei ein Dezernat II geben. In Naumburg, Dessau, Eisleben und Halle entstehen Kommissariate, um genau zu sein. Damit entstehen Fachgebiete wie ›Leben und Gesundheit‹, ›Volkswirtschaft‹ und ›Jugendkriminalität‹.«

Er ließ eine kurze Pause eintreten, dann sagte er: »Nun meine Kardinalfrage an Sie: Wären Sie gewillt, ab 1965 vorerst Ihren Dienstort nach Halle zu verlegen und später auch Ihren Wohnsitz?«

Wie aus der Pistole geschossen sagte ich: »Ja!«

Während seines kräftigen Lungenzugs wäre ihm nach diesem entschlossenen Ja beinahe der Glimmstängel aus der Hand gefallen. »Genosse Schwarz«, begann er, »ich hatte in den letzten Wochen schon viele Gespräche mit Kriminalisten in diesem Zusammenhang. In der Mehrheit der Fälle erklärte mir ein Großteil der Angesprochenen sehr ausführlich, weshalb sie nicht auf mein Werben eingehen könnten. Sie dagegen geben mir sofort ein Jawort!«

Im weiteren Verlauf des Gesprächs erfuhr ich, dass im Sachgebiet »Leben und Gesundheit« im Kommissariat II in Halle eine Stelle zu besetzen sei. Aufgabe dieses Kriminalisten sollte es sein, durch die Morduntersuchungskommission, die MUK, ermittelte Straftäter bis zur Anklage durch die Staatsanwaltschaft zu bringen sowie die damit verbundenen Fälle samt Sachakten und Beweismitteln eigenständig zu bearbeiten und abzuschließen. Das war genau das, was ich mir erträumt hatte. Daher kam mein spontanes Ja.

Januar 1965. Mitte des Monats fand das dazugehörige Kadergespräch (Personalgespräch) in der Kaderabteilung des Volkspolizeikreisamts Merseburg statt. Der Leiter dieser Abteilung teilte mir in knappen Worten mit: »Genosse Schwarz, Sie sind mit sofortiger Wirkung zur Bezirksbehörde der Deutschen Volkspolizei, Abteilung Kriminalpolizei, Kommissariat II versetzt. Ihre Dienststelle befindet sich im VPKA Halle, Dreyhauptstraße.«

Das bedeutete für mich, anderthalb Stunden früher aufstehen als bisher in Merseburg, um pünktlich acht Uhr den Dienst anzutreten. Mein Weg zur Arbeit bestand aus einer Zugfahrt bis zum Hauptbahnhof Halle, von dort weiter mit der Straßenbahn zum Marktplatz und von dort zu Fuß über den Hallmarkt in die Dreyhauptstraße.

Das Kommissariat II war nicht in den Räumen des Volkspolizeikreisamts untergebracht, sondern in der angrenzenden ehemaligen Untersuchungshaftanstalt. Die war wohl schon zu Kaiserzeiten zur Unterbringung von Straftätern errichtet worden. Um vom VPKA in dieses Gebäude zu gelangen, musste man die Häuser allerdings nicht verlassen. Es gab einen langen Flur in der zweiten Etage, welcher zur Haftanstalt führte und an dessen Ende eine Verbindungstür den Eingang ins Kommissariat II eröffnete. Dieser Mauerdurchbruch schien neu zu sein und zu dem Zweck vorgenommen worden, das frisch gegründete Kommissariat II in das VPKA einzubinden. Die ehemaligen Verwahrzellen waren unsere Dienstzimmer! Und genauso fühlten sie sich an.

Das heißt, in so einem schmalen Raum, gegenüber der Eingangstür, gab es nur ein kleines, vergittertes Fenster in etwa zwei Metern Höhe. Die Räume waren wegen eines angrenzenden Gebäudeteils und den kleinen Fenstern so dunkel, dass man ohne Beleuchtung nicht in der Lage war, mit einer Schreibmaschine zu arbeiten. Da Büroarbeit aber Schreibarbeit war, bedeutete das von Dienstbeginn an bis zu dessen Ende ständig künstliche Beleuchtung. Die Flure und Zimmer waren einheitlich mit ätzender, glänzender, gelber Farbe eingerichtet. Wegen der fehlenden Sonneneinstrahlung und den zum Teil feuchten Wänden herrschte im Gebäude stets ein muffiger Geruch. Was mögen wohl all die Zeugen und auch andere Personen, welche von uns in den dunklen Räumen vernommen wurden, von unseren Arbeits- und Lebensbedingungen gedacht haben?

All das war zu diesem Zeitpunkt aber nebensächlich für mich. Wichtig war mir nur die Tatsache, dass ich nun ein neues Aufgabengebiet hatte und ich darin voll aufging.

Im Februar 1965 nahm ich an einem Sonderlehrgang

für das Kommissariat II an der Fachschule des Ministeriums des Innern (MdI) in Aschersleben teil, welcher bis zum 22. Mai 1965 andauerte. Neben den Lehrgängen in Arnsdorf, welche ich schon 1961 und 1962 absolviert hatte, waren das Polizeigesetz, das Strafgesetzbuch, die Strafprozessordnung und das *Lehrbuch für Kriminalisten* (übersetzt aus dem Russischen) meine theoretische Arbeitsgrundlage.

Mitte des Jahres 1967 klagten immer mehr Kollegen über Beschwerden durch die Arbeitsbedingungen in den geschilderten Räumen. Insbesondere Augenprobleme wurden immer wieder beklagt. In Dienst- und Parteiversammlungen habe ich daher regelmäßig zu den Missständen kritisch meine Meinung geäußert. Bereits am 8. Juni 1956 bei der Fixierung des Vorschlags, mich in die Kriminalpolizei zu versetzen, heißt es wörtlich: »Er wendet besonders Kritik, welche Frucht bringen soll, in der täglichen Arbeit an.« Der Kaderverantwortliche hatte mich schon neun Jahre früher richtig eingeschätzt!

Im Gegensatz zu Merseburg, wo man fast täglich in der Öffentlichkeit zu Straftaten ermittelte, hatte ich nun Akten auf dem Tisch, deren jeweilige Straftäter in U-Haft einsaßen. Im Laufe der Zeit behinderten daher auch mich die Arbeitsbedingungen in dem vom Sträflingszimmer zum Büro umgewandelten Dienstraum. Durch einen Zufall entdeckte ich eines Tages im Erdgeschoss einen Raum, dessen einziges großes Fenster zur Straße zeigte. Das Zimmer hatte eine Stahltür und einen kleinen Wandtresor. Vielleicht war es einmal das Büro des Haftanstaltsleiters gewesen. Dieser Raum war ein menschlicheres Büro als das, welches ich bis dahin täglich aufsuchte. Ich äußerte daher die Bitte, mir diesen Raum als Dienstzimmer umfunktionieren zu dürfen. Kommissariatsleiter Werner B. hatte nichts dagegen. Endlich Tageslicht und stundenweise Sonnenschein!

Die von mir geschilderten Arbeits- und Lebensbedingungen im Kommissariat II hatten sich in keiner Weise bis 1968 gebessert. Viel mehr klagten immer häufiger Mitarbeiter über gesundheitliche Beeinträchtigungen. Zu diesen Beschwerden habe ich mich schriftlich und ausführlich an die Abteilung Sicherheit bei der Bezirksleitung der SED Halle gewandt. Auf für mich bis heute nicht erklärbare Weise ist mein Beschwerdeschreiben nicht in Halle, sondern bei der Abteilung Sicherheit beim Zentralkomitee der SED in Berlin gelandet.

Wochen später fand nach Einberufung des Leiters der Abteilung Kriminalpolizei der Bezirksbehörde Halle eine Dienstversammlung statt. Erst dabei erfuhr ich, dass von der Abteilung Sicherheit beim Zentralkomitee der Genosse H. an der Versammlung teilnehmen würde. Kaum dass die Dienstberatung begonnen hatte, wurde der Genannte von der Sekretärin des Amtsleiters aus dem Raum gebeten. Danach forderte der Leiter der Abteilung Kriminalpolizei, die Versammlung fortzusetzen. Und man könnte doch schon über mein Beschwerdeschreiben diskutieren.

Ich erhob sofort Widerspruch! Ich forderte, dass die

Versammlung nach Rückkehr und im Beisein des besagten Genossen fortzusetzen sei. Der Leiter hatte zuvor die Frage in den Raum gestellt, ob es denn überhaupt nötig gewesen wäre, solch eine Beschwerde zu führen. Daraufhin erhielt er von niemandem eine Antwort. Erst mit Rückkehr des Genossen H. wurde weitergemacht. So kam es, dass der Abgesandte des ZK doch von den Missständen erfuhr. Nach der Versammlung versprach er, sich perspektivisch für eine Veränderung unserer Arbeitsbedingungen einzusetzen.

Ein Jahr später erhielt das Kommissariat II in der »Neuen Feuerwache« in Halle-Neustadt in der dritten Etage (mit Fahrstuhl) nagelneue Arbeitsräume und Arbeitsbedingungen. Diesen Umzug habe ich nicht erleben dürfen, weil ich zuvor schon in der Dessauer Straße angekommen war.

Eine Änderung in meiner Arbeitsweise trat Ende 1967 ein, als ich immer öfter in der Morduntersuchungskommission in der Abteilung Kriminalpolizei der Bezirksbehörde der DVP in Halle, Dessauer Straße 70, vorerst zeitweilig arbeiten durfte. Auch in die MUK-Bereitschaft wurde ich einbezogen, weil nach wie vor die MUK Halle aus einem Kriminaltechniker, einem Ermittler und dem Leiter bestand. Neben der Hauptaufgabe bei der MUK, Tötungsstraftaten zu bearbeiten und aufzuklären, war diese auch zuständig für die Identifizierung von Opfern nach Bahn- und Flugunfällen. Ebenso bei Katastrophen mit vielen Opfern.

Dieser Fall trat beim Explosionsunglück im Chemiekombinat Bitterfeld im Juli 1968 ein. Der Chemieunfall in Bitterfeld war einer der folgenschwersten Industrieunfälle in der DDR. Nach einer Vinylchlorid-Explosion im Elektrochemischen Kombinat Bitterfeld (EKB) am 11. Juli 1968 fanden zweiundvierzig Menschen den Tod, über zweihundertsiebzig wurden verletzt.

Nicht nur meine, sondern mehrere MUKs der DDR kamen auch bei dem Flugzeugabsturz einer DDR-Verkehrsmaschine im August 1972 bei Königs Wusterhausen zum Einsatz. Bei der Flugzeugkatastrophe stürzte am 14. August 1972 ein Verkehrsflugzeug vom Typ Iljuschin Il-62 der Fluggesellschaft Interflug in der Nähe der Stadt Königs Wusterhausen südlich von Berlin ab. An Bord befanden sich hundertachtundvierzig Passagiere und acht Besatzungsmitglieder, von denen niemand den Absturz überlebte. Durch einen Brand im Heck verlor die Maschine das Leitwerk, was zum vollständigen Verlust der Stabilität und der Steuerbarkeit des Flugzeugs führte.

Gleiches ereilte uns nach der Flugzeugkatastrophe im September 1975 auf dem Flugplatz Leipzig-Schkeuditz. Die mit westdeutschen und Westberliner Messegästen besetzte Maschine war beim Landeanflug abgestürzt.

Wochen später traf beim Innenministerium der DDR Post vom »Klassengegner« ein. Das Bundeskriminalamt bedankte sich für die exzellente Arbeit der MUK und anderer Kräfte zur Identifizierung der siebenundzwanzig Flugunfallopfer.

Zwischen den todernsten Sachverhalten gab es aber in den ganzen Jahren auch Dinge zum Schmunzeln.

Wurden zum Beispiel bei Bagger- und Erdarbeiten menschliche Skelette gefunden, rückten wir als MUK gemeinsam mit der Gerichtsmedizin aus. Als in den 1970er Jahren auf dem Gelände des Zementwerks Karsdorf derartige Knochen zutage kamen, lag die Vermutung nahe, dass es sich bei den menschlichen Knochen um Gebeine von KZ-Häftlingen handelt, da im Zweiten Weltkrieg in der Nähe des Fundorts ein Außenlager eines Konzentrationslagers stand. Um dies herauszufinden, fuhren wir mit einem Pkw »Wolga« der MUK nach Karsdorf. Im Fahrzeug saß Prof. Dr. med. Simon, Direktor des Instituts für Gerichtsmedizin Halle, einer seiner Assistenten, der Leiter der MUK und ich als Untersuchungsführer und gleichzeitig Kraftfahrer. Am Fundort fanden wir eine Vielzahl von menschlichen Knochen vor. Zustand und Färbung führten nach Stunden dazu, dass Professor Simon zu der Annahme kam, dass es sich höchstwahrscheinlich um Knochen handelte, welche schon Hunderte von Jahren in der Fundstelle lagerten. Die Erinnerung an meine Merseburger Zeit, wo ich auch wiederholt archäologische Knochenfunde anschauen durfte, brachte mich auf den Gedanken, den mir bekannten Denkmalpfleger Herrn Saal zu kontaktieren. Gesagt, getan. Noch am späten Nachmittag erschien der Genannte vor Ort und kam nach längerer Untersuchung zur Einschätzung, dass die gefundenen Knochen nicht von KZ-Häftlingen stammen. Archäologisch betrachtet, könnten die aus einer kriegerischen Handlung stammen, vor langer, langer Zeit, als die Thüringer mit den Sachsen gekämpft hatten.

In einem kleinen Dorf in der Nähre von Karsdorf, wo ein ehemaliger Kriminalist Gastwirt geworden war, kehrten wir nach Abschluss der Arbeiten ein und feierten den historischen Fund. Der einzige, der nüchtern bleiben musste, war ich, weil ich der Kraftfahrer war.

Auf der Heimfahrt nach Halle war die Stimmung ausgelassen und fröhlich. Es war schon nach zwanzig Uhr, als Professor Simon auf die Idee kam, uns zum Besuch des Medizinerfaschings einzuladen. Dort angekommen, musste unser Professor auf die Bühne und eine kurze Rede halten. Er nutzte das am Tage Erlebte sofort aus und teilte den Anwesenden mit, dass er mit der Morduntersuchungskommission heute die »alten Thüringer« in Karsdorf gefunden habe. Seine Rede wurde mit tosendem Beifall belohnt.

Etwa vierzehn Tage später rief mich Professor Simon an und erklärte: »Siggi, Herr Saal hat mir einen Brief zukommen lassen, in welchem er mir mitteilte, dass es doch nicht die alten Thüringer waren, deren Gebeine in Karsdorf gefunden worden waren.« Fazit: Ohne die alten Thüringer gefunden zu haben, hatten wir einen erlebnisreichen Tag und eine feuchtfröhliche Faschingsnacht.

Im Jahre 1969 hatte ich mich in der Tatortarbeit – Suche und Sicherung von Spuren – so gut qualifiziert, dass ich im August 1969 zusammen mit unserem Kriminaltechniker einen Doppelmord an einem Ehepaar bearbeiten durfte. Tatortarbeit hatte ich auch zu leisten im April 1970 bei einem Raubmord im Hauptpostamt Naumburg und im Mai des gleichen Jahres wegen eines weiteren Raubmords in Wittenberg.

Die über Jahre andauernde aushilfsweise geleistete Arbeit in der MUK Halle endete am 1. Oktober 1970. Endlich wurde ich offiziell vom Kommissariat II in die MUK versetzt.

Im Dezember 1970 wurde eine einundvierzigjährige Ehefrau als vermisst gemeldet. Nach Aussage ihres Ehemanns war sie mit dem Fahrrad unterwegs gewesen und anschließend nicht nach Hause zurückgekommen. Bekannt wurde dieser Sachverhalt in einer Kreisstadt im Mansfelder Land.

Ein Kriminalist des zuständigen Volkspolizeikreisamts erkannte recht schnell in den Aussagen des Ehemanns Widersprüche zum Verschwinden seiner Frau. Als dann auch noch im häuslichen Milieu das angeblich verschwundene Fahrrad gefunden wurde, geriet der Ehemann in Erklärungsnot. Schließlich gab er zu, seine Ehefrau getötet zu haben. Ihre Leiche habe er vergraben. Verbringungsort sei der Schrebergarten, der sich nicht weit des Wohnhauses in einer Schrebergartenanlage befand.

In den frühen Abendstunden des 8. Dezember 1970 erhielten wir als MUK vom zuständigen VPKA eine Sofortmeldung zu diesem Tötungsverbrechen. Wir begaben uns sofort dorthin. Vor Ort angekommen, beauftragte mich der damalige Leiter der MUK mit der

Vernehmung des Beschuldigten. In einem Zimmer der Kriminalpolizei traf ich auf einen mittelgroßen, schmächtig aussehenden Mann, dem man ansah, dass ihm die letzten Stunden schwer zu schaffen gemacht hatten. Ich entnahm den Papieren, dass er um einige Jahre älter war als seine nun tote Ehefrau.

Er hatte bereits gestanden, seine Ehefrau getötet zu haben. Daher ging es nach der Schilderung seines Lebenslaufs um etwas anderes: um die Kardinalfrage nach dem Motiv. Ganz schnell spürte ich, dass er mit dem Warum arge Schwierigkeiten hatte.

Zum Zeitpunkt dieses Gesprächs war das Opfer noch vergraben. Somit waren auch noch keine Details über Verletzungen, welche zum Tode geführt hatten, bekannt. Ich änderte den Vernehmungsablauf.

Mit ausgeprägt mansfeldischem Dialekt gab er an, dass er in den späten Abendstunden des 4. Dezember seine Frau erschlagen habe, während diese bereits im Bett schlief. Mit der stumpfen Seite eines Beils habe er mehrfach auf den Kopf der Schlafenden geschlagen und so ihren Tod herbeigeführt. Die beiden schulpflichtigen Kinder, ein Sohn und eine Tochter, schliefen zu diesem Zeitpunkt bereits in ihrem Zimmer.

Nach der Tat verschloss er das Schlafzimmer mit der darin befindlichen Leiche. Anschließend überlegte er stundenlang im Wohnzimmer, wann und wie er die Leiche seiner Frau beseitigen könne.

Am nächsten Morgen bereitete er seinen Kindern ein kurzes Frühstück. Dann gingen beide zur Schule. Bei der Rückkehr vermissten diese die Mutter und fragten den Vater, wo denn »Mutti« eigentlich hin sei. Er erklärte seinen Kindern ebenso wie später bei der Vernehmung, dass sie mit dem Fahrrad zu einem Freund gefahren sei.

Allein im Haus überlegte er fieberhaft, wie er weiter vorgehen sollte. Ihm wurde klar, dass er seine Frau nicht aus dem Hause tragen konnte. Dagegen sprach der gut genährte Zustand seiner Gemahlin. Er sah nur einen Ausweg: Er musste sie in Einzelteilen aus der Wohnung bringen. In der Nacht vom 5. auf den 6. Dezember, als die Kinder schliefen, schleppte er sein Opfer ins Badezimmer. Zur Zerstückelung hatte er am Tage zwei Sägen bereitgelegt, ebenso mehrere Säcke. Die Zerlegung nahm Stunden in Anspruch. Aufgrund von Erschöpfung musste er mehrere Pausen einlegen. Ihm sei auch immer wieder übel geworden.

Am Ende hatte er die Leiche in sechs Teile zerlegt. Noch in der genannten Nacht transportierte er die in Säcken verpackten Körperteile zu seinem Schrebergarten. Der Weg dorthin war nicht weit. Er vergrub die Säcke an drei verschiedenen Plätzen.

Ich gab diese Informationen an die entsprechenden Stellen weiter, und am Vormittag des 9. Dezember 1970 wurden im Beisein der Gerichtsmediziner an den vom Täter bezeichneten Orten die Leichenteile enterdigt.

Noch am gleichen Tag wurde die Obduktion vorgenommen. Als Todesursache wurde dabei – übereinstimmend mit den Angaben des Täters – eine Schädel-Hirn-Zertrümmerung festgestellt mit Verblutung nach außen.

Einzelheiten zum Motiv seiner Straftat offenbarte er nicht. Er gab aber so viel an, dass es gravierende Auseinandersetzungen zwischen ihm und seiner Frau gegeben habe, die einen sexuellen Hintergrund hatten.

Ohne mildernde Umstände verurteilte das Bezirksgericht Halle (Saale) den Angeklagten zu einer lebenslangen Freiheitsstrafe. Er verstarb später in einem Haftkrankenhaus nach einem Krebsleiden. Seine Kinder, die er durch seine Tat zu Halbwaisen gemacht hatte, wurden dadurch zu Vollwaisen und wuchsen bei Verwandten beziehungsweise in einem Kinderheim auf.

Mit Beginn meiner Tätigkeit im Dezernat II 1965 lernte ich nach und nach Mitarbeiter und den Leiter der SK-Untersuchung kennen. Grundsätzlich bei Neuanfällen, bei Mord mit unbekanntem Täter nicht selten, hat diese Zusammenarbeit gemeinsame Erfolge bei der Aufklärung derartiger Delikte nachgewiesen. Nur ein einziges Mal lernte ich auch eine unschöne Seite eines leitenden Offiziers des MfS kennen.

Im Sommer 1971 zog ich mir bei einem Urlaubersportfest in Schnett eine Achillessehnenruptur zu. Noch im Krankenstand wurde ich eines Tages von meiner Merseburger Wohnung abgeholt und mittels Dienst-Pkw in die Dienststelle nach Halle gefahren. Der Grund dafür war ein Gespräch mit meinem Dezernatsleiter Gerhard F., Major der Kriminalpolizei. In seinem Vorzimmer empfing er mich. Das war auch der Mann, welcher mich 1965 nach Halle geholt hatte! Von Beginn an waren unsere Zusammenarbeit und das persönliche Zusammenleben sehr gut, nicht zuletzt durch das gemeinsame Hobby »Jagd«. Nach kurzer Begrüßung öffnete Gerhard F. die Tür zu seinem Dienstzimmer. Hinter seinem Schreibtisch saß ein mir bekannter, leitender Mitarbeiter des MfS. Inzwischen hatte ich mitbekommen, dass bei der Umstrukturierung der Kriminalpolizei in der gesamten DDR die Dezernatsleiter II zuvor im Ministerium für Staatssicherheit tätig gewesen waren und daher gute Kontakte dorthin pflegten.

Während mein Chef von außen die Tür schloss, bot mir der MfS-Mitarbeiter den Stuhl vor dem Schreibtisch an. Ohne größere Umschweife wollte er von mir wissen, welches Verhältnis ich zu einer Frau hätte, mit welcher ich in einer halleschen Bar gesehen worden war.

Ich war über diese Nachfrage sehr verwundert. Damit hatte ich nicht gerechnet. Tatsächlich waren zwei weitere Kriminalisten und ich Wochen zuvor in einer Tanzbar gewesen. Richtig war auch, dass ich mehrfach mit einer Frau getanzt hatte. Wie in solchen zwanglosen Situationen nicht unüblich, hatten wir geplaudert. Ich kannte also ihren Namen und wusste, wo sie wohnte. Auch über ihren Beruf hatten wir gesprochen. Sie war Ingenieurin. Als mich allerdings der MfS-Mitarbeiter nach diesen Daten fragte, sah ich keinerlei Gründe, mein Wissen über diese Frau preiszugeben. Nach längerem Hin und Her und Frage-Antwort-Spiel riss ihm der Geduldsfaden. Lautstark und völlig die Beherrschung verlierend schrie er: »Schwarz, ziehen Sie ihr dreckiges Hemd aus! Wo Dreck ist, da sind auch

Ratten!« Diese Unverschämtheit ließ ich nicht auf mir sitzen, sondern erwiderte darauf, dass nun dieses Gespräch oder die Vernehmung für mich beendet sei. Er verließ das Zimmer, und bei halbgeöffneter Tür hörte ich ein Gespräch zwischen meinem Dezernatsleiter und dem Vernehmer. Leider verstand ich nichts. Als der MfS-Mitarbeiter gegangen war, kam mein Dezernent in sein Büro, in dem ich noch immer wartete. Seine Anrede: »Siggi, wenn du wissentlich etwas verschwiegen hast und es kommt später raus, kann ich dir nicht helfen.« Unter vier Augen duzten wir uns. »Gerhard, ich habe nichts verschwiegen«, log ich. Danach fuhr man mich wieder nach Hause.

Zwei Tage später saß ich wieder im Zimmer meines Vorgesetzten und wurde zum gleichen Thema von einem anderen Mitarbeiter des MfS befragt. Auch dessen Auftreten scheiterte. Ich beantwortete seine Fragen nicht. Damit war die Sache erledigt. Ich wurde nicht noch einmal zu diesem Thema befragt.

Zu meiner eigentlichen Arbeit in der Mordkommission kann ich sagen, dass mich latente Tötungsstraftaten, welche in der Regel als Vermisstenanzeigen auf den Tisch kamen, besonders interessierten. Noch mit Gipsbein vertiefte ich mich in eine Akte zu einem Vermisstenvorgang, wo auf wenigen Seiten nach jahrelangen Ermittlungen keine Ergebnisse vorlagen. Es handelte sich um eine junge Frau, Mutter von zwei Söhnen, die urplötzlich verschwunden war. Die Vermisstenanzeige datierte vom Mai 1967. Die damaligen langwierigen Ermittlungen der MUK unter Mitarbeit des MfS führten nicht zur Aufklärung über das Schicksal dieser Frau. Nach meinem kompletten Aktenstudium war ich überzeugt, dass die Vermisste, die angeblich in Kanada leben sollte, unter Umständen Kanada nur von der Landkarte her kannte.

In wochenlanger Kleinarbeit habe ich so viele Beweismittel schaffen können, dass am Ende gegen den Lebensgefährten der Vermissten ein Haftbefehl erging und dieser in den danach erfolgten Vernehmungen die Tötung seiner Lebensgefährtin gestand. Wegen Totschlags wurde der Beschuldigte zu einer Freiheitsstrafe von dreizehn Jahren verurteilt.

Die menschlichen Abgründe hinsichtlich stattgehabter Mordfälle sind auch nach Jahrzehnten immer noch bis in viele Details in meiner Erinnerung. Noch heute habe ich dazu Träume und durchlebe komplette Tatabläufe. Der Hauptgrund, dass mich diese Dinge nicht loslassen, liegt offensichtlich darin, dass ich in jungen Jahren viele solcher Straftaten erlebte und es in dieser Zeit keinerlei psychologische Beratung und Hilfe zur Verarbeitung gab.

Es kam bei Lesungen aus meinen Büchern öfters zu der Frage, wie wir nach solchen schweren Straftaten psychologisch betreut wurden. Meine Antwort lautete immer: »Eine oder mehrere Flaschen Wilthener Goldkrone oder Nordhäuser Doppelkorn wurden auf den jeweiligen Erfolg geleert, und tags darauf ging es an die neuen Aufgaben.«

Der nun zu schildernde Fall ist einer der Träume, die mich verfolgen, und er ist authentisch:

Im VPKA-D, in einer größeren Stadt an der Elbe gelegen, bat ein Kriminalist um Unterstützung zu Ermittlungen in einer Vermisstensache. Eine junge Frau sei nach Aussage ihres Ehemanns nach einem Gaststättenbesuch nahe der Elbe verschwunden.

Vor Ort arbeitete ich die Ermittlungsunterlagen durch. Dabei stellte ich fest, dass die Ermittlungen am Ausgangspunkt des plötzlichen Verschwindens der Frau, es handelte sich dabei um ein bekanntes Ausflugsziel, oberflächlich verlaufen waren. Zum Beispiel waren nicht alle Bedienungskräfte befragt worden, welche zum betreffenden Zeitpunkt im Dienst waren. Das war mein Ansatzpunkt.

Bei der Befragung fand ich heraus, dass an besagtem Abend im Dezember zwischen Weihnachten und Neujahr drei junge Männer und eine Frau das Ausflugslokal aufgesucht hatten und mehrere Stunden darin verweilten. Vom Ehemann der Vermissten war dazu ausgesagt worden, dass er mit seiner Frau, seinem Zwillingsbruder und einem befreundeten jungen Mann unterwegs gewesen war.

Bestätigt wurde durch das Personal, dass der junge Mann einige Zeit vor dem Trio das Lokal verließ. Bei Eintritt der Dunkelheit verließen beide Brüder und die Frau die Einrichtung. Übereinstimmend erfuhr ich vom Personal, dass die Frau nach eingenommenen Speisen und dem Genuss alkoholischer Getränke sichtlich betrunken war und untergehakt mit den beiden Männern das Lokal verließ. Diese Aussage war für mich das Signal, die Brüder erneut zu den Abläufen in diesem Ausflugslokal zu vernehmen.

Der Ehemann hatte ausgesagt, dass es nach Verlassen der Gaststätte zwischen ihm und seiner Frau zu Streitigkeiten kam. Von Trunkenheit der Frau war keine Rede. Vielmehr sei sie im Streit davongerannt und im Dunkeln verschwunden.

Tage später habe ich entschieden, die Zwillinge der Dienststelle zuzuführen und durch zwei Vernehmer der von mir geführten MUK getrennt vernehmen zu lassen. Ich hoffte, nähere Einzelheiten über das Verschwinden der Frau zu erfahren.

Bei ihrer Zuführung zur Vernehmung traten die Brüder äußerst arrogant auf. Sie widersetzten sich anfangs lautstark dieser Maßnahme. Sie hätten doch schon alles zu dieser Vermisstensache gesagt. Zu diesem Zeitpunkt sagte mir mein Bauchgefühl, dass von den Brüdern die wahren Umstände zum Weggang der Vermissten bislang verschwiegen wurden. Im zuständigen Kommissariat II ließ ich beide Brüder gleichzeitig vernehmen. Zwei Personen zum gleichen Sachverhalt zu überprüfen, hatte in jedem Fall den Vorteil, Widersprüche in ihren Aussagen zu erkennen. Schon zu Beginn der Vernehmungen verhielten sich beide gegenüber ihren »Gesprächspartnern« aggressiv. Meinen Mitarbeiter, der den Ehemann zu vernehmen hatte, ließ ich nach etwa einer Stunde die Anhörung unterbrechen und fragte, wie er bisher die Antworten des Mannes einschätze. Im Gegensatz zu mir kam er nach der bisherigen Anhörung zu dem Schluss, dass an meinen Vermutungen »nichts dran sei«. Trotzdem ließ ich ihn die weiteren Fragen nach dem vorgefertigten Vernehmungsplan abarbeiten.

Hinter der Tür des Zimmers, wo der Bruder vernommen wurde, hörte man lautes Brüllen. Nach Betreten des Raumes kam ich aus dem Staunen nicht heraus. Vor dem Schreibtisch meines Mitarbeiters saß der zu Vernehmende nicht etwa auf seinem Stuhl. Er lag regelrecht darauf. Mit weit ausgestreckten Beinen und an der vorderen Kante des Stuhls kurz vorm Herunterrutschen erweckte er den arrogant-entspannten Eindruck, er sei zu einer Plauderstunde hier. In den nächsten zehn Minuten wies ich ihn mit erhöhter Dezibelzahl darauf hin, wo er sich befindet und was zu guten Sitten gehört. Ich machte ihm eindrücklich klar, dass sein Hiersein ausschließlich dem Zwecke dient, das Verschwinden seiner Schwägerin aufzuklären.

Stunden später war er es, der zugab, dass das Verschwinden der jungen Frau anders verlaufen war, als von den beiden bislang geschildert.

Im Vorfeld des Besuchs zum Ausflugslokal kam der Ehemann zu dem Entschluss, seine Ehefrau zu töten, da das Verhältnis der beiden stark zerrüttet war und er keinen anderen Weg sah. In Vorbereitung wurde auch in einer Bibliothek die entsprechende Literatur entliehen und gelesen. Als geeigneten Ort, um seine Frau loszuwerden, wählte der Mann daher das Ausflugslokal. Mit seiner Nähe zum Fluss befand er dessen Lage als äußerst günstig. Nachdem alle drei am 28. Dezember 1978 ihren Aufenthalt in der Gaststätte beendet hatten, führten die Brüder die stark alkoholisierte Frau an das talwärts linke Ufer der Elbe. Dort angekommen, erfassten die beiden Brüder ihr Opfer links und rechts an Füßen und Händen, zählten Schwung holend bis drei und warfen es in den fließenden Strom. Der Mann wusste, dass seine Frau nicht schwimmen konnte. Ohne den Alkohol im Blut hätte sie sich vielleicht trotzdem selbst retten können. Doch im Rausch war sie dazu nicht in der Lage.

Die niedrige Wassertemperatur hat sicherlich sehr schnell zum Bewusstseinsverlust und Eintritt des Todes der Frau geführt. Nach den Geständnissen saß nicht nur bei mir, sondern bei allen Mitarbeitern das Entsetzen tief über das kaltblütige Vorgehen der Beschuldigten gegenüber der Ehefrau und nahen Verwandten. Später habe ich wiederholt an die Äußerung meines Mitarbeiters denken müssen, welcher der Meinung gewesen war, dass an meinem Bauchgefühl nichts dran sein. Mein Beitrag zur Aufklärung dieses Verbrechens beruhte auf den Erfahrungen anderer, vorheriger Vermisstensachen, welche sich letztlich als latente Tötungsverbrechen herausstellten und die ich federführend, zum Teil als Einzelkämpfer, aufklären konnte.

Beide wurden in Haft genommen. Erst Wochen später wurde bei Magdeburg in der Elbe eine weibliche Leiche geborgen. Die in die Gerichtsmedizin zwecks Obduktion überführte Wasserleiche wurde als Ehefrau des Beschuldigten identifiziert. Aufgrund des stark verwesten Zustands der Leiche war die Todesursache nicht zweifelsfrei zu klären. Es wurden keine Zeichen körperlicher Gewaltanwendung festgestellt. Daher ging die Staatsanwaltschaft vom Tod durch Ertrinken aus.

Im Ergebnis aller Ursachen und Umstände zu diesem Tötungsverbrechen erfolgte die Übergabe der Sache an die Staatsanwaltschaft zwecks Anklageerhebung.

Die sechsundzwanzig Jahre alten Zwillingsbrüder wurden am 19. Juli 1979 vom Bezirksgericht Halle (Saale) zu lebenslänglichen Freiheitsstrafen verurteilt. In einer später erfolgten Amnestie wurde das Strafmaß auf fünfzehn Jahre Freiheitsentzug festgelegt.

Als ich in meiner Merseburger Zeit Suizide und andere unnatürliche Todesfälle untersuchte und insbesondere an Sonn- und Feiertagen schnell einen Arzt für eine Leichenschau benötigte, bekam ich oft keinen oder musste stundenlang darauf warten. Aber an einen Arzt erinnere ich mich gern.

Den ledigen und als Assistenzarzt in einer Merseburger Poliklinik arbeitenden Herbert G. lernte ich nach langer Suche an einem Sonntag als Leichenschauarzt kennen. Auf Anhieb stimmte die Chemie zwischen uns, und nach Abschluss der Leichenschau erfuhr ich von ihm, dass er Gerichtmediziner werden möchte. Außerdem erklärte er, dass ich ihn künftig zu allen Tages- und Nachtzeiten und auch an Wochenenden zu Leichenschauen rufen könne. Dies geschah auch über einen langen Zeitraum. Tatsächlich wurde Dr. Herbert G. in Leipzig Gerichtsmediziner. Unsere letzte Begegnung war anlässlich der Obduktion des Mordopfers Lars Bense im Kreuzworträtselfall.

Unbestritten ist die Tatsache, dass zu meiner Zeit und überhaupt mangelhaft und oberflächlich durchgeführte Leichenschauen latente Tötungsverbrechen nicht aufgedeckt wurden oder durch Zeitverlust langwierige Ermittlungen nach sich zogen. So geschehen auch im vorliegenden Fall:

In einer Kleinstadt des Kreises Bitterfeld wurde am 2. September 1967 eine Ärztin von einem sechsundsiebzigjährigen Mann zu einem Hausbesuch gebeten, weil seine vierundsiebzigjährige Lebensgefährtin in der Wohnung in der Küche gestürzt und dabei verstorben sei.

Besagte Ärztin war nicht behandelnde Ärztin der Verstorbenen. Nach Aussagen des Mannes gegenüber der Ärztin sei die Frau am 1. September 1967 gegen zweiundzwanzig Uhr in der Küche gestürzt. Er habe sich nach diesem Ereignis und nach einem vorangegangenen Gaststättenbesuch unter Alkoholeinfluss stehend zu Bett begeben. Am anderen Morgen wollte er seine Lebensgefährtin in Rückenlage in der Küche tot aufgefunden haben.

Die Aussagen des Mannes bestimmten auf dem Totenschein das Ableben der Frau. »Sterbedatum: etwa 22.00 Uhr, 01.09.1967, Feststellung des Todes: 7.05 Uhr, 02.09.1967«. Bescheinigt wird von der Ärztin ein natürlicher Tod ohne Zweifel durch Herzstillstand.

Für eine pathologische Sektion wurde die Leiche in

die Leichenhalle des Krankenhauses Bitterfeld verbracht. Am 3. September 1967 lehnte ein Pathologe die Sektion ab, weil der Körper der Toten eine Vielzahl von äußeren Verletzungen aufwies.

Am 5. September 1967 ordnete der Kreisstaatsanwalt von Bitterfeld eine gerichtliche Obduktion an, welche am gleichen Tag von 11.00 bis 13.15 Uhr stattfand. Bei der am 4. September 1967 ersten Befragung des Mannes durch einen Kriminalisten des VPKA Bitterfeld räumte er ein, seine Lebensgefährtin zwei- bis dreimal mit der flachen Hand ins Gesicht geschlagen zu haben.

Die Sektionsergebnisse standen im krassen Widerspruch zu den auf dem Totenschein fixierten Ergebnissen der ersten »Leichenschau«. Vielmehr fand man bei der Sektion Kopf- und Gesichtsverletzungen, welche durch stumpfe Gewalt mit einem kantigen Gegenstand verursacht worden waren. Kratzwunden im Gesicht und Abwehrverletzungen an beiden Unterarmen.

Die lange Liegezeit der Leiche führte bis zur gerichtlichen Sektion zu einer hochgradigen Leichenfäulnis über den gesamten Körper und erschwerte dadurch alle Befunderhebungen am Opfer. Eben wegen der fortgeschrittenen Fäulnis wurde als Todesursache wahrscheinlich »Hirnquetschung« in Betracht gezogen. Ein Kausalzusammenhang zwischen den Gewalteinwirkungen und dem Tode der Frau war zu bejahen.

Der vorläufigen Festnahme folgte die Untersuchungshaft des Beschuldigten. Gleichzeitig erfolgte die Übernahme des Verfahrens in unser Kommissariat II.

Trotz tagelanger Verspätung wurden bei der kriminaltechnischen Tatortuntersuchung in der Küche auf dem Fußboden Blutauflagerungen gefunden. Und Blutspritzer an einer Küchenwand. Auch die Kleidung der Frau wies diverse Blutspuren auf. Aufgrund der Tatsache, dass erst am Tage der Sektion die Leiche entkleidet wurde, hat eine Leichenschau laut Vorschrift nicht stattgefunden. Durch ihr Fehlverhalten hat die Ärztin sich und uns einen Bärendienst erwiesen. Ob und wie gegen sie Disziplinarmaßnahmen durchgeführt wurden, habe ich nie erfahren.

Der Beschuldigte hat in seinem Erwerbsleben hauptsächlich und in einem Fall über zehn Jahre nach dem Zweiten Weltkrieg als Knecht in der Landwirtschaft gearbeitet. Dabei lernte er die spätere Lebensgefährtin kennen, welche ebenfalls landwirtschaftlich tätig war. Seine andauernden guten Arbeitsleistungen standen im Widerspruch zu seinem Verhalten im Freizeitbereich. Übermäßiger Alkoholgenuss brachte ihn oft in Schwierigkeiten, weil es auch zu tätlichen Auseinandersetzungen dabei kam.

In nur wenigen Vernehmungen zum vorliegenden Sachverhalt war er geständig, dass in der Nacht des 1. September 1967 beim Vorgehen gegen seine Lebensgefährtin die ausschlaggebende Rolle sein Alkoholkonsum gewesen war. Sein Vorhaben, mit ihr Geschlechtsverkehr durchzuführen, wurde ihrerseits kategorisch abgelehnt. Deswegen wütend geworden, habe er sie mit Fäusten geschlagen. Ihre Gegenwehr hatte zur Folge, dass er ihr letztlich eine Bratpfanne auf den Kopf schlug.

Ohne sich um die auf dem Küchenboden liegende Frau zu kümmern, sei er danach schlafen gegangen.

Nach Abschluss der Ermittlung erhob die Staatsanwaltschaft Anklage wegen Totschlags nach Paragraf 212 StGB. In der Hauptverhandlung am 6. Dezember 1967 wurde beim Angeklagten die Schuldunfähigkeit festgestellt, worauf das Bezirksgericht Halle am 12. November 1968 die ständige Einweisung in eine Heil- und Pflegeanstalt verfügte. Bis zu seinem natürlichen Ableben im Jahr 1976 lebte er in dieser Einrichtung.

Im Februar 1976 wurde ein damals als »Assi« bezeichneter Mann, der dem Alkohol verfallen war, tot aufgefunden. Er lag an einer Straße im Schnee. Entgegen der Vorschrift führte der die Leichenschau durchführende Arzt nur eine oberflächliche Leichenschau durch. Dabei übersah er, dass der Mann durch mehrere Messerstiche getötet worden war.

Am 1. März sagte mein damaliger Vorgesetzter zu mir, dass wir am Nachmittag zum Wehrkreiskommando gehen würden, um den Tag der NVA, es war der zwanzigste Jahrestag, zu feiern. Dort war auch der Leiter der Kreisdienststelle des MfS anwesend. Unter Alkoholeinfluss fragte mich der Leiter, wann denn der besagte Mord aufgeklärt sein würde. Schlagfertig wie ich war, antwortete ich: »Am Mittwoch.« Völlig überrascht war ich daher, als ich tatsächlich am darauffolgenden Mittwoch von meinem Chef angesprochen wurde: »Der Kreisdienststellenleiter will von dir einen Rapport haben. Heute sei doch Mittwoch, und der

Mord sollte doch heute geklärt sein.« Ich hatte nicht damit gerechnet, dass sich der Mann meine Worte gemerkt haben könnte. Doch ebenso schlagfertig antwortete ich: »Sag ihm, ich habe nicht gesagt, an welchem Mittwoch.«

Individuell an Fällen zu arbeiten, lag mir mehr, als dies mit einem Kollektiv zu tun. Als ich einmal zum stellvertretenden Dezernenten sagte, dass ich lieber als Individualist arbeite, schaute er mich mit großen Augen an und sagte: »Lass das niemanden hören! Wir arbeiten im Kollektiv.« Natürlich total abwegig ist, daran zu glauben, einen Mord mit unbekanntem Täter allein bearbeiten zu wollen. Aber ich hatte meine eigenen Wege.

Sowohl in meiner Merseburger Zeit als auch mit Beginn der Arbeit in der MUK wurde mir mehr und mehr angeraten, endlich einen Fachschulabschluss im Fach Kriminalistik zu erlangen. Ich habe daher im Jahr 1974 als Externer an der Fachschule des MdI Aschersleben das Studium aufgenommen und am 30. Juni 1975 die Abschlussprüfung als Offizier der mittleren Laufbahn der Organe des Ministerium des Innern mit »genügend« bestanden. Die verhältnismäßig schlechte Note hing mit meiner »nebenbei« laufenden Tätigkeit als Mordermittler zusammen. Das Zeitfenster für dieses Studium war sehr klein. Und ich gab der praktischen Arbeit an konkreten Mordfällen den Vorrang. Trotz des Studiums konnte ich für diese Zeit als »Einzelkämpfer« große Ermittlungserfolge nachweisen.

V

Leiter der MUK Halle · Mordaufklärung in Berlin · Der Kreuzworträtselfall · Steine im Weg · Jagdgesellschaft Petersberg · Ein Mord · Persona non grata

Im Juni 1976 wurde der langjährige Leiter der MUK Helmut G. aus gesundheitlichen Gründen von seinem Aufgabenfeld entbunden und in den Innendienst versetzt. Welche Aufgaben er in der Abteilung Kriminalpolizei bis zu seiner Pensionierung zu erledigen hatte, blieb bis zur Wende 1990 ein Geheimnis. Aus dem Personalbestand der MUK, die personell bereits aufgestockt war, wurde Oberleutnant der K Manfred L. kommissarisch als Leiter eingesetzt. In der letzten Augustwoche 1976, rief mich mein Dezernatsleiter und Jagdfreund Gerhard F. zu sich in sein Dienstzimmer. Wie am Tag unseres Kennenlernens 1965 drehte er sich zuerst auf die bekannte Art und Weise von seinem süßlich duftenden Tabak eine Zigarette. Danach eröffnete er unser Vier-Augen-Gespräch und hielt sich nicht mit langer Vorrede auf: »Manfred L. wird nicht als Leiter der MUK verpflichtet.«

»Warum?«, fragte ich. »Den Manfred kenne ich schon viele Jahre und noch aus der Zeit, wo er Untersuchungsführer in der Brandkommission war. Der hat doch alle Voraussetzungen, die MUK zu führen«, wunderte ich mich.

Ich erhielt keine Antwort auf meine Frage. Vielmehr sagte Gerhard F. lakonisch: »Du bist berufen, ab 1. September die Leitung der MUK zu übernehmen.«

»Habt ihr euch das wirklich gut überlegt, mich zum MUK-Leiter zu machen? Ihr wisst ja, wie ich bin?« Auch dieser Einwand wurde nicht berücksichtigt.

Der Vorschlag, dass ich dieses Amt übernehmen sollte, war schon im Vorfeld durch den Chef der Bezirksbehörde der Deutschen Volkspolizei an die Abteilung Sicherheit der Bezirksleitung der SED und die Bezirksverwaltung des MfS Halle zwecks Zustimmung zugestellt worden. Ohne das Abnicken dieser Institutionen hätte das Gespräch mit meinem Vorgesetzten nicht stattgefunden.

Ich, der Einzelkämpfer, sollte nun und perspektivisch die bis auf acht Mitarbeiter aufzustockende MUK führen? »Gerhard, erinnere dich bitte an das Jahr 1971, wo ich hier in diesem Zimmer einen Tag später noch einmal vernommen wurde, den Namen einer Frau preiszugeben.«

»Das ist Schnee von gestern.«

»Was wird mit Manfred L.?«

»Der bleibt bei dir in der MUK.«

Diese Entscheidung war für mich von Anfang an unverständlich und nicht begreifbar. Der ehemals eingesetzte kommissarische Leiter sollte nun unter mir arbeiten? Es erschien mir nicht unbegründet, dass Manfred L. nun in mir einen Gegner sah, welcher ihm den Posten eines Leiters weggenommen hatte. Dennoch gab es zwischen ihm und mir bis ins Jahr 1978 arbeitsmäßig wenige Probleme.

Wir waren aber einfach zu verschieden. Während ich in meiner Freizeit und den Urlauben zur Jagd ging, spielte er gern Skat. In dieser Skatrunde war auch der stellvertretende Leiter der Abteilung Kriminalpolizei, Kurt H. Dieser war gleichzeitig der Vorgesetzte meines Dezernatsleiters, Gerhard F. Nach dem plötzlichen Herztod von Gerhard F. im Jahr 1978 veränderte sich die Situation auf Dezernatsleiterebene. Anfänglich gab es einen kommissarischen Leiter, dem dann ein hoffnungsvoller Kader namens Wolfgang L. folgte. Wenn wir zum Beispiel in andere Bezirke der DDR zur Mordaufklärung abkommandiert wurden, dauerte es manchmal nur Tage, bis Manfred L. auf Befehl nach Halle zurückgerufen wurde oder erst gar nicht mit zum Einsatz fuhr. Um eventuelle Spannung zwischen uns beiden zu minimieren, ließ ich ihn hauptsächlich Tötungsdelikte mit bekanntem Täter als Einzelkämpfer, der ich ja nun nicht mehr war, bearbeiten.

Bei meiner Leitungstätigkeit habe ich auch einige Vorschläge zur personellen Aufstockung der MUK unterbreitet. Nie wurden diese Vorschläge durch die Dienstleiter oder die Parteileitung abgelehnt. Ich muss auch ehrlich sagen, dass mir die Leitung der MUK und die Führung der Mitarbeiter anfänglich nicht leichtfiel. Aber bereits 1977 wurde meine Arbeit mit der Verdienstmedaille des MdI in Silber gewürdigt – am 1. Juli 1977, dem Tag der Deutschen Volkspolizei –, und zum 1. Juli 1979 wurde ich zum Hauptmann der Kriminalpolizei befördert.

Als Leiter der MUK habe ich, wie schon in den Jahren zuvor, gegenüber allen Vorgesetzten, dem Dezernatsleiter, dem Leiter der Kriminalpolizei und dem Chef der Bezirksbehörde sowie seinen Mitarbeitern, kritisch Stellung genommen zu Befehlen und Weisungen. Ich habe Fehler und Missstände offen angesprochen. Dazu gehörte zum Beispiel die mangelnde technische Ausrüstung bis hin zu maroden Einsatzfahrzeugen. In dem 2011 erschienenen Buch schildere ich auch den Umgang mit einem Oberst aus der Chefleitung der Behörde. Während der Vernehmung eines Mörders hatte er den Versuch unternommen, diese zu unterbrechen. Der Grund lag darin, dass er über den Stand meiner Ermittlungen informiert werden wollte.

Mit zunehmender Zeit als Leiter der MUK wuchsen mehr und mehr die Aufklärungserfolge von Tötungsdelikten sowohl im eigenen Bezirk als auch in einer Vielzahl von Einsätzen zur Mordaufklärung in anderen Bezirken der DDR. Über die Aufklärungserfolge durfte ich unter anderem im Ministerium des Innern in der Hauptabteilung Kriminalpolizei einen Vortrag über das Erreichte halten, dem auch alle Leiter der MUK beiwohnten. Es folgten auch Vorträge an der Fachschule des MdI Aschersleben, unter anderem vor kubanischen Studenten.

Als die MUK Halle im März 1978 unter meiner Führung zur Mordaufklärung nach Berlin abkommandiert wurde und wir nach kurzer Zeit den Mord an einer jungen, alleinstehenden Frau aus dem Prenzlauer Berg aufgeklärt hatten, fragte mich ernsthaft der Oberstleutnant der K, Herbert G., ob ich einverstanden wäre, als Leiter einer Mordkommission in der Hauptstadt zu arbeiten. Für diese Wertschätzung habe ich mich bedankt. Zu diesem Zeitpunkt hatte ich nach meiner Auffassung alles erreicht. Schon länger durfte ich Tötungsdelikte bearbeiten. Ich lehnte dieses Angebot ab. Wegen meines sozialen Umfelds, zu dem auch die

Ausübung der Jagd im Saalekreis gehörte, und wegen meines »bescheidenen Landsitzes« in der Nähe des Petersbergs wollte ich keine Veränderungen mehr vornehmen.

Am 15. Januar 1981 gegen 20.30 Uhr erstattete die Mutter des siebenjährigen Lars Bense beim Volkspolizeikreisamt Halle (Saale) eine Anzeige. Mit ihrem Wissen sollte der Junge um sechzehn Uhr des genannten Tages eine Kinovorstellung im Mehrzweckkomplex »Treff« in Halle-Neustadt besuchen. Bis in die frühen Abendstunden habe die Mutter mit Verwandten und anderen Hausmitbewohnern nach dem abgängigen Sohn gesucht. Die erfolglose Suche versetzte die gesamte Familie in panische Angst. Mit Hilfe der Volkspolizei hofften alle auf ein glückliches Wiedersehen ihres Kindes.

Nach der Anzeigenerstattung erfolgte die Einweisung aller im Dienst befindlichen VP-Angehörigen zur Suche in Halle-Neustadt, einer Stadt mit fünfundneunzigtausend Einwohnern. Bis in die späten Abendstunden des 15. Januar erfolgte die Überprüfung zu bekannten Adressen von Verwandten und Freunden der Familie. Aufgrund dienstlicher Anweisungen – Vermisstensachen von Kindern – war es auch die Aufgabe der MUK, derartige Fälle zu untersuchen. Folgerichtig wurde ich noch am 15. Januar 1981 gegen zweiundzwanzig Uhr in meiner Halle-Neustädter Wohnung durch den Diensthabenden telefonisch vom Verschwinden des Lars Bense in Kenntnis gesetzt.

Im Polizeirevier in der Feuerwache Halle-Neustadt

verschaffte ich mir einen ersten Überblick über die eingeleiteten Maßnahmen und kam danach zu der Überzeugung, dass die Suche nach dem Jungen viel Zeit in Anspruch nehmen wird. Einen Tag später habe ich mit der dienstlichen Leitung vereinbart, dass wir die erweiterte Morduntersuchungskommission in Stärke von einundzwanzig Kriminalisten einsetzen. Schon allein deswegen, weil auch am Morgen des 16. Januar von Lars jede Spur fehlte.

In der vierten Etage der Feuerwache wurden uns mehrere Zimmer zur Verfügung gestellt. Von einem Zimmerfenster aus konnte ich von da an jeden Tag einen gegenüber der Straße stehenden Wohnblock sehen, in welchem sich auch die Wohnung der Familie Bense befand. Ich weiß heute nicht mehr, wie oft ich die Familie und insbesondere Frau Bense aufsuchte, um sich ergebende Fragen abzuklären.

Tatsache ist, dass bis zum 28. Januar 1981 nichts über den Verbleib von Lars in Erfahrung gebracht wurde. Schon in dieser Zeit haben die zuständigen ABV der Schutzpolizei beim sogenannten Klinkenputzen mitgearbeitet. Alle im Dienst befindlichen Polizisten wurden zusätzlich mit einem Bild des vermissten Jungen ausgestattet. Sämtliche über Tage andauernde Suchmaßnahmen im gesamten Stadtgebiet und dessen Umgebung sowie der Einsatz von Tauchern in vorhandenen Gewässern liefen ins Leere.

Mittwoch, 28. Januar 1981: Nach Ablauf einer Überprüfung von dreizehn Tagen leitete ich am genannten Tage ein Ermittlungsverfahren gemäß Paragraf 112

Absatz 1 StGB (Mord) gegen Unbekannt ein. Dadurch bekamen künftige Strafprozesse aller Maßnahmen ihre rechtliche Grundlage. Lars lebend zu finden, war aussichtslos geworden, und es sollte nur Stunden dauern, als wir zur Mittagszeit des 28. Januar 1981 von der Leipziger Polizei eine Meldung erhielten, dass ein Streckenwärter der Deutschen Reichsbahn auf dem Streckenabschnitt Halle–Leipzig am Kilometer 107,37 nahe der Ortschaft Schkeuditz einen Koffer aufgefunden hat. Im Koffer habe man die Leiche eines Knaben gefunden.

Mitarbeiter der Leipziger MUK führten die Fundortuntersuchung durch und kamen dabei zu der Vermutung, dass der Koffer aus einem von Halle in Richtung Leipzig fahrenden Zug herausgeworfen worden war. Die in die Gerichtmedizin Leipzig überführte Kindsleiche war gefroren und in der Folge als Lars Bense zweifelsfrei identifiziert.

Die Spurensuche am und im Koffer sowie an der Leiche hatte zum Ergebnis, dass am Koffergriff eine Schweißspur identisch mit Spuren unter den Fingernägeln des Opfers war. Die größte und wichtigste Spur waren die im Koffer gefundenen Kreuzworträtsel. Der bei uns im Dezernat Kriminaltechnik arbeitende Grafologe Hauptmann der K Werner B. hatte bei der Analyse der einzelnen Großbuchtstaben festgestellt, dass bei den Buchstaben A und B niemals von der Schreibweise abgewichen wurde. Gesamtergebnis: Die Kreuzworträtsel wurden ausnahmslos von einer Person ausgefüllt.

In der Anfangsphase der Ermittlungen wurde eine

Vielzahl von einschlägig vom Vorstrafenregister erfassten Sexualstraftätern ergebnislos überprüft. Ein vor kurzem aus der Haft entlassener Sexualstraftäter wurde in einem der Nebenzimmer vernommen und routinemäßig überprüft. Während dieser Maßnahmen reagierte er renitent und aggressiv. Da sich der Vernehmer keinen weiteren Rat wusste, verständigte man mich. Ich ließ diesen Mann in mein Zimmer bringen, und bevor ich mich versah, schlug er mir mit einem Knie mit voller Wucht in den Schritt, wodurch ich erhebliche Schmerzen verspürte. Um es kurz zu machen: Der unter Bewährung stehende Mann trat seine ausstehende Strafe an.

Jetzt endlich etablierten sich wie auch zu anderen Mordfällen Arbeitsgruppen (AG). Unter anderem eine AG zur Beschaffung von »Schreibleistungen«. Außerdem sollte sich die grafologische Auswertung aus Spezialisten der Kriminalpolizei und Mitarbeitern des MfS rekrutieren. Dieser Gruppe war ein Kriminalist vorgeschaltet, welcher die eingegangenen von Bürgern aus Halle-Neustadt, Halle und dem Saalekreis gefertigten Schreibleistungen numerisch erfasste und diese danach an die Grafologen weiterreichte.

Mein Vorschlag, ein Kreuzworträtsel aus dem Koffer in der Presse zu veröffentlichen, wurde ohne Begründung von der dienstlichen Leitung abgelehnt.

Neben dem einzelnen Aufsuchen von Bewohnern aus Halle-Neustadt zur Erlangung von Schriftleistungen wurden gezielt Altpapiersammlungen in der ganzen Stadt organisiert, wo insbesondere Schülerinnen und

Schüler der unteren Klassen aller Schulen tonnenweise Zeitungen und Zeitschriften sammelten. Nicht nur ich, sondern das gesamte eingesetzte Personal arbeitete mit der festen Überzeugung, dass die Spur der Kreuzworträtsel uns eines Tages zum Täter führen würde.

Aus der Deutung des Charakters der Handschrift, im konkreten Fall der verwendeten Buchstaben in den Kreuzworträtseln, stärkte sich die Vermutung der Grafologen, dass der Verursacher der Schrift eine Frau mittleren Alters sein könnte. Später sollte sich diese These als richtig herausstellen.

Mitte März 1981 kündigte sich bei mir in der Einsatzzentrale hoher Besuch an. Der stellvertretende Dezernatsleiter M. teilte mir mit, dass der Chef der Bezirksdirektion der Volkspolizei (BDVP) mit seinen Stellvertretern sowie dem Abteilungsleiter Sicherheit der Bezirksleitung SED Halle mich besuchen kommen, um über den Stand der Ermittlungen unterrichtet zu werden. Tags darauf um zehn Uhr machte ich dem Chef Meldung. In das sehr schmale Dienstzimmer musste ich noch Stühle ordern, um den illustren Personenkreis unterzubringen.

Nachdem ich ausführlich über den derzeitigen Stand der Ermittlungen Auskunft gegeben hatte, fragte man mich, ob es auch Schwierigkeiten gibt, die nicht tatbezogen sind. Daraufhin schilderte ich Vorkommnisse in der Stadtwirtschaft Halle-Neustadt, den KfZ-Fuhrpark betreffend und die Abteilung Pass- und Meldewesen der Stadt.

Die Lkw der Stadtwirtschaft fuhren zum Teil mit abgeklemmten Tachozählern, welche bei Zeit-Wege-Ermittlungen nicht verwendet werden konnten (Alibiüberprüfungen). Außerdem hatten die Ermittler bei der Beschaffung von Schreibleistungen feststellen müssen, dass in nicht geringer Zahl in Wohnungen von Halle-Neustadt Menschen illegal lebten. Nach dieser Schilderung sagte der Chef der BDVP, Generalmajor Schröder: »Genosse Hauptmann Schwarz, Ihre Aufgabe ist einzig und allein, zusammen mit dem gesamten Einsatzpersonal so schnell als möglich den Mord an Lars Bense aufzuklären. Nichts anderes!« Mit guten Wünschen verabschiedeten sich die Herren.

Unter ihnen war auch der Chef Operativ, ein Stellvertreter des Generals, Oberst B. Mit dem Letztgenannten hatte ich öfters handfeste Auseinandersetzungen. Zum Beispiel in der Nacht vom 25. zum 26. August 1976 im VPKA Roßlau, Bezirk Halle, weil er mich unbedingt während der Erstvernehmung eines Mörders, der kurz vor dem Geständnis war, ins Zimmer des Amtsschreibers befahl. Eine Polizistin hatte mich im Vernehmungszimmer aufgesucht, um mich von der Weisung des Obersts zu informieren. Obwohl ich zweimal aufgefordert wurde, führte ich in dieser Nacht die Vernehmung bis zum Geständnis des Mörders, welcher eine junge Frau zuerst vergewaltigt und anschließend erwürgt hatte. Nach der Vernehmung habe ich im Beisein des Leiters des VPKA gegenüber dem Oberst meinen Unwillen, diese Vernehmung zu unterbrechen, ausführlich und zornig erläutert.

Ein weiteres unliebsames Geschehen mit besagtem

Oberst: Der Chef der BDVP und seine Stellvertreter hatten allesamt einen persönlichen Kraftfahrer. Einer dieser Kraftfahrer wurde eines Tages vermisst und später in Halle nahe der Ochsenbrücke flussabwärts am rechten Saaleufer tot aufgefunden. Für derartiges Geschehen waren wir als MUK ebenfalls zuständig. Beim Eintreffen am Fundort war unter den Anwesenden auch »mein« Oberst. Als ich über den Leichnam gebeugt den Tascheninhalt der Zivilkleidung durchsuchte, und dabei dem am Ufer zusehenden Oberst den Rücken zukehrte, sagte er: »Schwarz, Sie könnten wieder mal zum Frisör gehen.« Darauf ich: »Andere Sorgen haben Sie wohl nicht?« Spätestens hier müsste er gemerkt haben, dass seine Äußerung völlig deplatziert war. Weil weder in der Wohnung noch in der Kleidung des Verstorbenen ein Abschiedsbrief gefunden wurde, habe ich damals auf Bitten des Generals das Ableben des Kraftfahrers als Unglücksfall abgeschlossen.

Doch zurück zum Kreuzworträtselfall: Nach dem Rapport mit dem Chef waren noch keine vierundzwanzig Stunden vergangen, als mich die Sekretärin des Genossen Oberst B. in Halle-Neustadt anrief: »Genosse Schwarz, ich soll Ihnen vom Genossen Oberst mitteilen, dass Sie ihm bis Mittag einen ausführlichen Bericht über die Missstände der Stadtwirtschaft und der Abteilung Pass- und Meldewesen vorzulegen haben.« Sofort kam mir das vortags Gesagte des Chefs in Erinnerung. Daraufhin habe ich die Sekretärin gebeten, dem Oberst mitzuteilen, er könne einen seiner Mitarbeiter in meine Auswertung nach Neustadt schicken, wo er alle Details zu den erwähnten Missständen finden werde. Nur wenige Minuten später klingelte erneut mein Telefon. Die Sekretärin sagte mir, dass der Oberst den an mich gerichteten Befehl nicht korrigiert. Ich blieb aber bei meinem zuvor gemachten Vorschlag und legte auf. Daraufhin ein drittes Telefonat. Die Sekretärin: »Genosse Schwarz, der Genosse Oberst ist sehr ungehalten über Ihre Antworten und fordert Sie auf, den Bericht zu fertigen.« Darauf ich: »Sagen Sie ihm, er kann mich mal am Arsch lecken!«

Keine zwei Stunden später rief mich der stellvertretende Leiter des Dezernats II an, welcher auch mein unmittelbarer Dienstvorgesetzter war, und erklärte, dass höchstwahrscheinlich der »Ungehorsam« gegenüber dem Oberst Folgen hat.

Am anderen Morgen gab es ein Vier-Augen-Gespräch mit meinem Dienstvorgesetzten. Wegen der Befehlsverweigerung sei entschieden worden, dass er die Leitung des Einsatzes übernimmt. Mein Stellvertreter Manfred L. werde das Zusammentreffen aller Arbeitsgruppen leiten.

Weil zu Beginn unseres Einsatzes von meiner Kommission bearbeitete Mordsachen an die jeweiligen Kommissariate abgegeben wurden, habe ich zeitweilig den Stand der Ermittlungen kontrolliert.

In einer extra eingerichteten Sporthalle in Halle-Neustadt haben mehrere Kriminalisten die Riesenberge der von Schülern gesammelten Altpapierpakete nach Kreuzworträtseln durchsucht. Diese Arbeit habe ich mir dann wegen ihrer Bedeutung selbst ausgesucht.

Am 18. August 1981 verschwand in einem Waldbad bei Dessau der siebenjährige Maik Th. spurlos. Während in Halle-Neustadt weiterhin die Gewinnung von Schreibleistungen durch eine Vielzahl von Angehörigen der Volkspolizei vorangetrieben wurde, habe ich am 20. August 1981 mit zwei Kriminalisten aus Dessau die Ermittlungen zur Klärung der Vermisstensache aufgenommen, weil nicht auszuschließen war, dass es einen Zusammenhang mit dem Tötungsverbrechen an Lars Bense gab. Bei kurzzeitigen Aufenthalten in Halle-Neustadt habe ich mehrere Gespräche mit meinem unmittelbaren Dienstvorgesetzten geführt und mich informiert, wie der Stand der Ermittlungen dort aktuell ist.

Am 28. August 1981 habe ich für einen Tag die Arbeit in Dessau unterbrochen, um in Halle-Neustadt eine umfangreiche Information an den Chef der BDVP über den Ermittlungsstand zum Fall Bense zu erarbeiten.

Bis in den November 1981 hinein haben die von mir geführten Ermittlungen zum Vermisstenfall Maik angedauert und zu keinen Ergebnissen geführt. Dafür gab es nun im Mordfall Lars Bense den langersehnten Durchbruch. Weil auch Schreibleistungen von Bürgern aus Halle-Neustadt, die in anderen Gegenden der DDR arbeiteten, eingeholt wurden, musste auch eine Frau, die in einem Ostseebad als Kellnerin tätig war, eine Schreibleistung erbringen.

Am Dienstag, dem 17. November 1981, kam per Post die angeforderte Schreibleistung der Kellnerin in der Auswertergruppe an. Schon beim bloßen Hinsehen konnte man die charakteristischen Merkmale der Buchstaben A und B der Kreuzworträtsel aus dem Tatkoffer erkennen. Sofort wurde die Schriftprobe zur Begutachtung dem Grafologen, Hauptmann der K Werner G., übergeben. Das von ihm am gleichen Tag gefertigte Gutachten identifizierte die Kellnerin als die Verursacherin der zum Teil gelösten Kreuzworträtsel aus dem Koffer.

Bei der am 19. November 1981 durchgeführten Zeugenvernehmung bestätigte sie das Ergebnis des Schriftgutachtens. Auch der Koffer sei aus ihrem Haushalt. Ihren Aussagen nach war die Frau nur wenige Tage vor dem 15. Januar 1981 in ihrer Halle-Neustädter Wohnung gewesen, habe dabei Kreuzworträtsel gelöst, um danach wieder an die Ostsee zu fahren. In ihrer Abwesenheit bewohnte ihre achtzehnjährige Tochter allein die Wohnung, besuchsweise auch deren achtzehnjähriger Freund, Matthias S., ebenfalls in Halle-Neustadt wohnend. Tochter und Freund hatten in der Zwischenzeit Arbeit in einem FDGB-Heim in Thüringen gefunden. Von dort wurde noch am 19. November 1981 Matthias S. in die Einsatzzentrale nach Halle-Neustadt zugeführt und als Tatverdächtiger vernommen. Schon bei der ersten Vernehmung war S. umfangreich geständig, den Schüler Lars Bense am 15. Januar 1981 gegen sechzehn Uhr am »Treff« in Halle-Neustadt angesprochen zu haben, ob er mit ihm zum Spielen mitkommen wolle. Dies habe der Junge bejaht und sei ohne Zögern mit ihm in die Wohnung seiner Freundin gegangen.

Einzig und allein sei sein Ziel gewesen, sexuelle Handlungen an dem Jungen vorzunehmen. Unbemerkt konnte er mit Lars in die Wohnung seiner Freundin gelangen. Er wusste, dass seine Freundin, die in einer Gaststätte arbeitete, am fraglichen Tage spät nach Hause kommen würde.

Während der Vornahme sexueller Handlungen an dem Jungen entschloss er sich zur Steigerung seines Lustgefühls zu dessen Tötung. Dazu verwendete er einen in der Wohnung in einem Abstellraum abgelegten Hammer und ein Küchenmesser. Im Keller aus dem Abstellraum der Wohnungsinhaberin entnahm er einen Koffer, um sein Opfer aus der Wohnung transportieren zu können. Neben anderem Füllmaterial entnahm er aus der Zeitungsablage im Wohnzimmer sämtliche darin befindliche Zeitungen und Zeitschriften, um diese ebenfalls als Füllmaterial zu verwenden.

Nach der Reinigung von Blutspuren, insbesondere im Bad, verließ S. gegen achtzehn Uhr die Wohnung. Mit dem Koffer fuhr er mit der Straßenbahn von Halle-Neustadt nach Halle zum Hauptbahnhof. Er wollte mit dem nächsten abfahrenden Zug Halle verlassen. Der Zufall wollte es, dass er gleich einen Zug von Halle nach Leipzig erreichte. Sein Ziel war, den Koffer unterwegs zwischen beiden Städten aus dem Zug zu werfen. In der Nähe von der Stadt Schkeuditz warf er dann von der hinteren Plattform eines Waggons den Koffer aus dem Zug. In Leipzig angekommen, fuhr er mit dem nächsten Zug nach Halle zurück und begab sich in die elterliche Wohnung.

Im Juni 1982 wurde Matthias S. vom Bezirksgericht Halle zu einer lebenslangen Freiheitsstrafe verurteilt. Nach Wiederaufnahme des Verfahrens 1991 wurde im Mai 1992 die Verurteilung von 1982 bestätigt. Nach der zweiten Verurteilung wurde S. in eine psychiatrische Einrichtung eingewiesen. Seit 1999 war er wieder auf freiem Fuß. Fortan lebte er in Magdeburg, wo er am 15. Januar 2013 nach schwerer Krankheit verstarb.

Kaum zu glauben: Von Mitte Februar 1981 bis zum 17. November des Jahres wurden mehr als fünfhunderttausend Materialien einem Schriftvergleich unterzogen. Ausgewertet wurden sechzig Tonnen Altpapier.

Aus meiner Sicht ist es nicht ausgeschlossen, dass wir Wochen oder gar Monate eher den brutalen Mord an Lars Bense aufgeklärt hätten, wenn die Chefleitung bis hin zum Leiter der Abteilung Kriminalpolizei meinem am 25. August 1981 gemachten Vorschlag gefolgt wäre. Ich wollte ein Originalkreuzworträtsel aus dem Tatkoffer mit Bezug auf den Mord in der Presse veröffentlicht haben und auch in einem Geschäft am »Treff«, dem Ort des Verschwindens von Lars, diesen Koffer tatbezogen ausstellen und nicht, wie dargestellt, »zur Klärung einer schweren Straftat«.

Im Anhang dieser Information habe ich handschriftlich einen entsprechenden Vermerk über die Ablehnung des Vorschlags fixiert.

In der Zeitschrift *Forum der Kriminalistik*, Heft 4/82 I, die den Charakter interner Fachliteratur trug, hat Oberstleutnant der K Thiel, Hauptabteilung der Kriminalpolizei im MdI, ausführlich die Straftat und deren Aufklärung dargelegt und auch Funktionsträger auf Leiterebene benannt. Ein Auszug aus Seite 15: »Ein wichtiges Motiv des unermüdlichen Einsatzes der Offiziere und Wachtmeister war nicht zuletzt das Versprechen, das der Leiter der MUK den Eltern von Lars gegeben hatte: ›Der Mörder Ihres Sohnes wird seiner gerechten Strafe zugeführt werden.‹« Emotional hat mich diese Straftat tief bewegt, weil mein vierter und letztgeborener Sohn Thiemo zum Zeitpunkt der Tat ebenfalls sieben Jahre alt war und auch in Halle-Neustadt wohnte.

Meiner Meinung nach ist es unbestritten, dass in der heutigen Zeit ein ähnlich gelagerter Fall aufgrund des personellen Aufwands wahrscheinlich nicht geklärt würde.

Ab 1981 und die folgenden Jahre habe ich mehr als einmal die Überlegung gehabt, ob es besser gewesen wäre, das Berliner Angebot angenommen zu haben. Grund hierfür waren handfeste Auseinandersetzungen mit Dienstvorgesetzten bis hin zu einem Staatsanwalt als Ankläger in einem Mordstrafverfahren. In den meisten Fällen ging es um die praktische Herangehensweise bei der Bearbeitung von Mordsachen. Ein Großteil der jungen Dienstvorgesetzten bis hin zum Leiter der Abteilung K hatte nach Fach- und Hochschulbesuchen theoretisches Wissen erworben. Praktische Erfahrungen hatten sie wenig. Daher vertraten sie öfters eine andere Meinung als ich, wenn es um die konkrete Herangehensweise ging.

Ein Beispiel ist ein Anruf, als wir den besagten Mordfall im Prenzlauer Berg untersuchten. Mich rief einer der Vorgesetzten aus Halle an und fragte, wie lange wir noch in Berlin zu tun hätten. Da wir erst einige Tage in Berlin arbeiteten, fragte ich nach dem Grund seines Anrufs. Antwort: »Es steht doch die monatliche Politschulung an.« Ich weiß heute nicht mehr, was ich darauf erwiderte.

Ärgerlich war auch der sukzessive Abzug von Personal während der Ermittlungen. Als Beispiel sei unsere Arbeit zum Mord an einer Frau in der Nähe von Wörlitz im Biosphärenreservat erwähnt.

Unser Einsatz begann am 20. August 1982. Ich arbeitete mit der erweiterten MUK und einer Vielzahl hinzugezogener Kriminalisten aus dem Bezirk Halle. Stück für Stück wurden mir zugeordnete Kräfte abgezogen. In jedem Fall mit Eigenbemühung des Leiters der Kriminalpolizei. In dieser Situation erhielt ich ganz überraschend aus der Abteilung der Kriminalpolizei des MdI Besuch. Oberst der K Karl-Heinz Sp. traf mich gerade in der zuvor beschriebenen Situation an, in welcher sich der Personalbestand verringerte. Nach meinem Rapport über die bislang erbrachten Anstrengungen erhielt ich von ihm den Befehl, dass alle zugeordneten Kräfte und Mitarbeiter der erweiterten MUK bis zur Aufklärung des Falles unter meiner Führung bleiben sollten. Genau zwölf Stunden später rief mich der Leiter der Abteilung K des VPKA Bitterfeld, Manfred W., an und forderte die Rückführung seines Kriminaltechnikers. Daraufhin habe ich ihm die Weisung des Vertreters des MdI mitgeteilt. Ich habe ihm erklärt, dass er auf seinen Mann vorerst verzichten müsse. Etwa dreißig Minuten später hatte ich erneut W. am Telefon: »Ich habe mit dem K-Leiter gesprochen. Möchtest du wissen, was er mir gesagt hat?«

»Ja, natürlich!«, erwiderte ich freundlich.

»Wenn der Schwarz keinen Arsch in der Hose hat, eine Entscheidung zu fällen, soll er sich das Lehrgeld wiedergeben lassen!«

Danach ich: »Meine Entscheidung: Dein Kriminaltechniker bleibt bei mir.« Ich hatte ursprünglich nicht vorgehabt, an diesem Abend unseren Einsatzort Vockerode zu verlassen und schon gar nicht nach Halle zu fahren. Die Äußerung meines Chefs gegenüber dem K-Leiter hatte mich jedoch so in Rage gebracht, dass ich nach dem Abendrapport nach Halle fuhr. Ich konnte in meinem eigenen Bett schlafen und am frühen Morgen um sieben Uhr vor dem Schreibtisch des Genossen Oberst der Kriminalpolizei stehen. Diesem habe ich den Befehl des Vertreters des MdI vom Vortag kundgetan und zum Schluss meiner Rede erklärt, dass ich, ob Weihnachten, Pfingsten oder Ostern, lieber in andere Bezirke zur Mordaufklärung aufbrechen würde, als auch nur noch einen Mord im Bezirk Halle zu untersuchen! Weil man hier zum Beispiel mehr Wert auf die monatliche Politschulung legt, als auf eine zügige Aufklärung des Mordes an einer Frau und Mutter.

Wochen später, anlässlich einer Parteiversammlung der Parteiorganisation Kriminalpolizei, gemeinsam mit der Chefetage, durfte ich im Präsidium Platz nehmen. Thema der Sitzung war: »Sozialistische Moral und Ethik, Einheit von Wort und Tat«. Nachdem die Diskussion schon eine ganze Weile im Gange war und einige Redner auch auf sich bezogene Momente dargelegt hatten, meldete ich mich zu Wort. Im Präsidium saß der Chef der Bezirksbehörde, Oberst der Volkspolizei Sch. Dazu eine gewisse Anzahl seiner Stellvertreter. Gemeldet hatte ich mich, weil wieder nur positive Elemente eine Rolle spielten, die eigentlichen Probleme aber schön verschwiegen wurden. Zum Beispiel ging es um die Frage: »Was zeichnet einen Kommunisten aus?«

»Liebe Genossinnen und Genossen«, begann ich, »ich bin kein Kommunist. Ich bin zwar Mitglied der SED, aber weit davon entfernt, mich als einen Kommunisten zu bezeichnen. Allein zum Thema sozialistische Moral und Ethik lebe ich im Widerspruch, weil ich fremdgegangen bin und nun in zweiter Ehe lebe.« Unmittelbar nach Beendigung meines Vortrags meldete sich der neben mir sitzende Stellvertreter des Chefs, ebenfalls Oberst der Volkspolizei, Herr K. Seine Einleitung zu meinen Darlegungen: »Das, was der Genosse Schwarz gerade von sich gegeben hat, kann man nicht so stehen lassen!« Am Ende seiner Ausführungen saß er nicht mehr, sondern stand am Präsidiumstisch: »Und ich, liebe Genossinnen und Genossen, sage mit Stolz: ›Ja, ich bin ein Kommunist.‹«

Wochen später herrschte große Unruhe in der Chefetage. Eine Sekretärin beschuldigte lautstark eben jenen guten Kommunisten, den Oberst der VP,

Herrn K., dass er sie seit Monaten beschlafe und mehrfach versprochen habe, sich scheiden zu lassen, was er aber nicht mache! In der Folgezeit habe ich es mir nicht verkneifen können, bei passender Gelegenheit auf die Scheinheiligkeit des Obersts hinzuweisen.

Meine zum Teil schonungslose Kritik zu Missständen, Fehlverhalten und sogar Straftaten in den eigenen Reihen, also auch bei Funktionären gesellschaftlicher Organisationen, wie zum Beispiel dem Jagdwesen, endete später für mich sehr schmerzhaft. Dabei handelte ich nach meinem vormals geleisteten Eid, nämlich gegen jedermann ohne Ansehen der Person auf der Grundlage der geltenden Rechtsvorschriften vorzugehen. Mein Pech war, dass einige, wie auch ich, Mitglied der SED waren.

Im Spätherbst 1979, ich war Mitglied der Jagdgesellschaft Petersberg im Saalekreis, erhielt ich eine Information zum Tode eines jungen Offiziers der Sowjetarmee. In einem zur Jagdgesellschaft gehörenden Jagdgebiet sei es durch Motorradunfall zum Tode des Offiziers gekommen. Da ich ja Leiter der MUK Halle war, habe ich danach recherchiert. Dabei fand ich weder im Verwaltungsjagdwesen des Kreises noch im Bezirk eine Bestätigung für das beschriebene Ereignis. Auf meinen Vorschlag hin wurde dann durch einen Kriminalisten, der gleichzeitig Jäger war, offiziell ermittelt. Es kam heraus, dass im Beisein des deutschen Jagdleiters (es handelte sich um den Vorsitzenden der Jagdgesellschaft) gemeinsam mit sowjetischen Offizieren und Jägern im Bereich einer Jagdhütte Alkohol konsumiert worden war. Weil die Feier so schön war, wurde dabei mit Jagdwaffen Zielschießen veranstaltet. Bei dieser inoffiziellen Veranstaltung sei der besagte Offizier mit dem Motorrad des Vorsitzenden der Jagdgesellschaft tödlich verunglückt. Der Sowjetarmist konnte das Krad benutzen, weil daran der Zündschlüssel steckte.

Mein Grundanliegen für die Untersuchung bestand darin, zu gewährleisten, dass die Eltern des jungen Mannes die Wahrheit zum plötzlichen Ableben ihres Sohnes erfahren sollten. Die Eltern sollten wissen, dass der Offizier keinesfalls sein Leben für den Sieg des Sozialismus geopfert hatte.

Das Unfallgeschehen ereignete sich im Juli 1979. Es war im März 1980, ich saß am Schreibtisch meines Dienstzimmers in der Bezirksbehörde Halle, als mein Telefon klingelte. Am anderen Ende war ein leitender Offizier des Volkspolizeiamtes Saalekreis. »Genosse Schwarz, nach der Suspendierung des Vorsitzenden der Jagdgesellschaft Petersberg macht sich die Wahl für einen neuen Vorsitzenden erforderlich. Wir sind in der Leitung übereingekommen, dich für diese Funktion vorzuschlagen. Morgen möchte ich von dir eine Entscheidung hören.« Sprach's und legte auf. Wegen meiner eigentlichen dienstlichen Tätigkeit musste ich abwägen, ob es vertretbar sei, diesen Posten zu übernehmen. Andererseits sagte ich mir, dass ich einzig und allein aus den bereits geschilderten Gründen mich zu entscheiden hatte. Bei einem Nein würde man sagen: »Erst reißt er den Rachen auf, um danach den Schwanz einzuziehen.« Also habe ich am nächsten Tag mein Einverständnis gegeben, zukünftig als Vorsitzender der Jagdgesellschaft Petersberg zu agieren. Was ich überhaupt nicht in Betracht zog, war die Tatsache, dass ich ja in ein Wespennest gestochen hatte. Die Jagdleiter der fünf Jagdgebiete, unter welchen auch der Sekretär der Kreisjagdbehörde war, hatten über Jahre zum nun abgetretenen Vorsitzenden enge, freundschaftliche Beziehungen unterhalten. Sie hatten alles daran gesetzt, um den Unfalltod des sowjetischen Offiziers unter den Teppich zu kehren oder ihn zumindest entstellt zu interpretieren. Allen diesen Gründen zum Trotz wurde ich Anfang April zum neuen Vorsitzenden der Jagdgesellschaft Petersberg gewählt.

Am 21. April berief mich der Vorsitzende des Rates des Kreises in den Jagdbeirat. Schon zu meiner ersten Vorstandssitzung machte ich mich bei anderen Mitgliedern des Vorstands, welche mit mir fünfundachtzig Mitglieder zu vertreten hatten, unbeliebt, indem ich während der Sitzung den Genuss von alkoholischen Getränken und das Rauchen untersagte.

In meinem neuen Amt oblag mir auch die Sichtung der Protokolle der Vorstandssitzungen, welche monatlich durchgeführt und von einer Schriftführerin mitgeschrieben wurden. Nicht ganz ohne Hintergedanken sah ich diese durch. Dabei fand ich im Protokoll der Sitzung vom 26. Juli 1979 zweieinhalb Sätze ohne Tagesordnungspunkt: »Bedauerlicher Unfall eines sowj. Offiziers. Der Jagdleiter und Vorsitzende waren bei der

Veranstaltung, aber nicht bei dem Unfall anwesend.« Bei der zum Protokoll gehörenden Vorstandssitzung waren der Jagdleiter des fraglichen Jagdgebiets und der Sekretär der Kreisjagdbehörde entschuldigt.

Im Juni 1981 leitete das Kommissariat II Dessau gegen den Sekretär der Kreisjagdbehörde Saalekreis ein Ermittlungsverfahren wegen Betrugs und Diebstahls zum Nachteil sozialistischen Eigentums ein. In seiner Beschuldigtenvernehmung am 14. Juli 1981, welche von 8.30 bis 12 Uhr andauerte, war er zu allen Anschuldigungen voll geständig. Zu diesem Zeitpunkt war er mein Stellvertreter. Er übte die Funktion eines Jagdleiters im sogenannten Konsultationsstützpunkt mit besonderer Bewirtschaftung aus. Nach Einleitung des Ermittlungsverfahrens wurde ihm die Jagderlaubnis entzogen, eingezogen auch seine persönliche Jagdwaffe. Die im gesellschaftlichen Eigentum befindlichen Jagdwaffen und Munition übernahm kommissarisch der Jagdleiter aus einem anderen Jagdgebiet. Aufgrund der Tatsache, dass bei ihm im Bestand der Jagdmunition dreihundert Schuss Kugelpatronen ohne Herkunftsnachweis vorgefunden wurden, führte ein Kriminalist aus dem KII Eisleben, der auch Jäger war, entsprechende Ermittlungen.

Er blieb nach wie vor Sekretär der Kreisjagdbehörde. Er erklärte aber mit Schreiben vom 25. Dezember 1982 seinen Austritt aus unserer Jagdgesellschaft. Eine Umsetzung in eine andere Jagdgesellschaft wurde vom Vorsitzenden des Rates des Kreises befürwortet. Anfang Februar 1982 traf ich zufällig den Eislebener Kriminalisten. Auf meine Frage, wie weit er mit den Ermittlungen zu den dreihundert Schuss Jagdmunition sei, antwortete er mit ernster Miene: »Siggi, lass die Finger von dem! Ich musste alle Unterlagen abgeben und soll mit niemandem darüber sprechen.« Nach weniger als vier Wochen, also im März 1982, erfuhr ich offiziell, dass er angeklagt wird. Trotzdem wurden ihm die Jagderlaubnis, seine persönliche Jagdwaffe (Jagddrilling) und sogar der Ausweis »Helfer der Deutschen Volkspolizei« wieder ausgehändigt. Ich habe daraufhin einen ausführlichen Bericht über alle mir bekannten Gesetzesverstöße des Mannes verfertigt und an den Leiter der Kriminalpolizei, Oberstleutnant der Kriminalpolizei A., und den Chef der BDVP Halle, Oberst der Volkspolizei Schröder, übergeben. Gleichzeitig habe ich mit Schreiben vom 12. März 1982 an den Leiter K mein Unverständnis über die Rückgabe der oben angeführten Sachen an ihn zum Ausdruck gebracht. Anfang Juli 1982 wurde ich vom Ratsvorsitzenden aufgefordert, für das Sonderjagdgebiet K. einen Jagdleiter vorzuschlagen. Dieser sollte Protokollerfahrung haben. Dies deshalb, weil in dem besagten Gebiet Spitzenfunktionäre aus Politik und Gesellschaft zeitweilig die Jagd ausübten. Diese Aufforderung geschah jedoch nur für das Protokoll. Entgegen meinem Vorschlag ließ der Ratsvorsitzende einen Bruder des Sekretärs der Kreisjagdbehörde einsetzen. Am 26. Juli 1982 richtete ich wegen dieser Entscheidung eine Eingabe an den Chef der BDVP, in der ich meinen Unwillen zu dieser Einsetzung kundtat. Genau einen Tag später, am 27. Juli 1982, hatte der Ratsvorsitzende um fünfzehn

Uhr Gesprächsbedarf mit mir. Das sechzigminütige Gespräch begann mit der Drohung, dass ich sofort mit dem »Kleinkrieg« gegen den Sekretär der Kreisjagdbehörde aufhören solle. Er habe gar keine Straftaten begangen. Erst als ich die nun erwiesenen Fakten der Handlungen im Einzelnen aufführte, ruderte er zurück und verwies auf die noch ausstehende Hauptverhandlung vor dem Kreisgericht Gräfenhainichen. Die Partei habe den Mann doch bereits bestraft. Wie und mit was ließ er allerdings offen. Die Krönung seiner Ausführungen war: »Ich habe zufällig Klapproth, Böhme und Genossen Felfe getroffen, und von ihnen wurde übereinstimmend geäußert, dass er ein ehrlicher Genosse sei und voll für unseren Staat eintrete.« (Klapproth, Vorsitzender des Rates des Bezirks Halle und somit Chef der obersten Jagdbehörde, Böhme, Erster Sekretär der SED-Bezirksleitung Halle, Felfe, Mitglied des ZK der SED) Am Ende des Gesprächs stand fest, dass der Bruder des Genannten Jagdleiter bleibt.

Resümee: Nach seiner schriftlichen Austrittserklärung aus unserer Jagdgesellschaft und dem Vorhaben, Mitglied in einer anderen Jagdgesellschaft zu werden, wurde nichts in die Tat umgesetzt. Erst in der Zeit der Wende, im Jahr 1990, war er nicht mehr Sekretär der Kreisjagdbehörde, aber in der Jagdgruppe K. blieb er als Jagdausübender tätig.

Später an anderer Stelle wird das Kapitel Jagd weiter beschrieben. Ich hatte ja noch meine eigentliche Berufung, nämlich Morde aufzuklären.

Am 18. August 1982 wurde Helga M. von ihrem Sohn als vermisst gemeldet. Die in Oranienbaum wohnhafte Frau war zum Zeitpunkt ihres Verschwindens dreiundvierzig Jahre alt. Sie arbeitete in Vockerode in einer Gewächshausanlage. Der Sohn gab an, dass sie von ihrer Arbeit nicht nach Hause zurückgekehrt und seitdem verschwunden sei.

Neben der Vermisstenanzeige suchte der Sohn auf eigene Faust die Wegstrecke zwischen Vockerode und Oranienbaum Stück für Stück im Forst ab. Auf diese Weise fand er die Gesuchte schließlich zwei Tage nach ihrem Verschwinden unmittelbar neben einem Waldweg tot auf. Bei der Obduktion wurden Stichverletzungen festgestellt, die zum Verbluten geführt hatten.

Neben uns kamen auch die erweiterte MUK und zusätzliche Kräfte der Kriminalpolizei aus Abteilungen mehrerer Volkspolizeikreisämter zum Einsatz. Mitte Oktober ermittelten wir einen dringend tatverdächtigen Mann, der bei unseren Vernehmungen und beim Haftrichter zum Tatvorwurf schwieg. Letztendlich entschied der Bezirksstaatsanwalt Halle die Haftentlassung und Einstellung des Verfahrens. Im Zuge weiterer Ermittlungen stießen wir auf einen zweiten Mann, welcher nach einer anfänglichen Befragung nochmals ausführlicher vernommen werden sollte. Dazu kam es jedoch nicht mehr: Unweit des Tatorts fand man den Mann in einem Waldstück erhängt auf. An seiner Selbsttötung bestand kein Zweifel. Ein Abschiedsbrief wurde aber weder bei der Leiche noch in seiner Wohnung gefunden. Ende Oktober war in diesem Fall kein weiterer Ermittlungsansatz mehr vorhanden. Das Ermittlungsverfahren wurde vorläufig eingestellt.

Den ausgebliebenen Ermittlungserfolg lege ich der damaligen Situation zur Last. In der Zeit zwischen dem 11. bis 15. Oktober 1982 hatte ich die Leitung der Ermittlungen an den Kommissariatsleiter KII Dessau, Gerhard A., abgegeben. Der Grund dafür war, dass ich an einem Lehrgang im MdI, Hauptabteilung Kriminalpolizei, teilnehmen musste – wie auch alle anderen Leiter der Mordkommissionen der DDR. Es war der Zeitraum, in welchem der erste Tatverdächtige festgestellt und verhaftet worden war.

Mit Aufnahme der Ermittlungen zur Vermissten Helga M. am 18. August 1982 erinnerte ich mich natürlich daran, dass genau ein Jahr zuvor, am 18. August 1981, in der gleichen Region ein sieben Jahre alter Junge vermisst wurde. Beim Besuch im Freibad Dessau war das Kind urplötzlich verschwunden. Brisant an diesem Vermisstenfall waren Alter und Aussehen des Jungen. Mit seinen sieben Jahren und den blonden Haaren wies dieser Fall Parallelen zu dem als »Kreuzworträtselmord« bekannt gewordenen Fall in Halle auf. In letzterem Fall ermittelten wir schon seit dem 15. Januar 1981. Bestand möglicherweise ein Zusammenhang zwischen beiden Fällen? Den Funken einer Spur sah ich, als ich im Herbst 1982 wegen der Ermittlungen zu Helga M. in Oranienbaum beim Bäcker ein Stück Kuchen kaufen wollte. Vor dem Betreten des Ladens sah ich einen Mann, den wir ein Jahr zuvor als Bezugsperson zu Maik, dem verschwundenen

Jungen aus dem Freibad, festgestellt hatten. Damals wohnte der Mann in Dessau. Nun sah ich ihn hier in Oranienbaum. In mir kam der Gedanke auf, dass der Junge möglicherweise in genau dem gleichen Forst, in dem wir gerade wegen der ermordeten Frau nach Spuren gesucht hatten, beseitigt worden war. Lag es wirklich so weit außerhalb der Möglichkeiten, dass an Maik nach Verlassen des Waldbades eine Straftat begangen worden war und die Leiche dort vergraben lag?

Während der Mörder von Lars B. im November 1981 ermittelt wurde, blieb Maik Th. verschwunden.

Gegen Ende des Jahres 1982 fand ein unangekündigter Kontrolleinsatz von Kriminalisten der Hauptabteilung Kriminalpolizei in der BDVP Halle statt. Einige Vertreter des MdI, Hauptabteilung Kriminalpolizei, waren mir vor diesem Besuch schon über Jahre bekannt. Wir hatten schon gemeinsam in MUK der DDR gearbeitet, bevor man sie nach Berlin holte. Während des Kontrolleinsatzes gab es lange Gespräche. Ich nahm dabei kein Blatt vor den Mund. Alles, was mir am Herzen lag, tat ich kund. Insbesondere war es mir wichtig, die Ursachen und Bedingungen nach Berlin weiterzugeben, die mich und meine Leute zeitweilig daran gehindert hatten, zügig die Sachverhalte zu den Mordfällen abzuarbeiten. Am Ende dieser Kontrolle gab es Gespräche zwischen den Vertretern des MdI und den Leitern der Kriminalpolizei der BDVP Halle. Von diesem Austausch war ich ausgeschlossen.

Am 22. November 1982 wurde ich vom Dezernatsleiter, Major der K L., und dessen Stellvertreter, Major der K M., zu einer Aussprache zitiert. Als Grund nannte der Dezernatsleiter meine Führungs- und Leitungstätigkeit. Diese müsse verbessert werden. Die Kritik an meinem Führungsstil versetzte mich in Erstaunen. Vom 1. September 1976 bis zu diesem Zeitpunkt im November 1982 war ich wiederholt befördert worden, hatte Dankesschreiben anderer Bezirke erhalten, wo wir zur Mordaufklärung eingesetzt gewesen waren. Ich hatte als Mitarbeiter der MUK, als Untersuchungsführer und als deren Leiter nach und nach höhere Dienstgrade erreicht. In dem gesamten Zeitraum gab und gibt es keine schriftlich festgehaltene Aussprache, in der es um meine Führungs- oder Leitungstätigkeit gegangen wäre. Woher wehte also hier der Wind?

Das Protokoll der besagten Aussprache (22. November 1982) liegt mir noch heute vor. Auf Seite eins, es handelt sich um einen Vordruck, steht die Überschrift »Vorschlags-/Unterhaltungsblatt«. Die mehrstündige »Unterhaltung« weist breitgefächert meine gesellschaftliche Arbeit als Vorsitzender einer Jagdgesellschaft aus. Diese Tätigkeit soll auch meine eigentliche Arbeit als MUK-Leiter negativ beeinflusst haben. Am Ende des Dokuments werden schriftlich Schlussfolgerungen festgelegt. Darin sind unter anderem genannt: »Bis zum 01.06.1983 hat der Genosse Hauptmann der K, Schwarz, die Funktion des Vorsitzenden der Jagdgesellschaft an den Nachwuchskader zu übergeben.«

Spätestens hier war mir klar, aus welcher Ecke geschossen wurde. Diese »Unterhaltung« hatte den Zweck, mich von weiteren Maßnahmen gegen den Sekretär der Kreisjagdbehörde abzuhalten. Am 23. November 1982 konnte ich es nicht lassen, das Protokoll zu ergänzen und die Frage zu stellen, wie lange ich denn noch als Leiter der MUK eingesetzt bliebe. Dies führte zu folgendem Aktenvermerk auf dem »Unterhaltungsblatt« vom 25. November 1982: »Über die weitere Dienstverrichtung des Genossen Hauptmann der K. Schwarz als Leiter der MUK wird nach Einschätzung der erreichten Veränderungen am 30.06.1983 entschieden.« (gez. Major der K.)

So lange sollten die »Veränderungen« nicht auf sich warten lassen. Anfang Dezember 1982 erschien in meinem Dienstzimmer Oberstleutnant der K, Herbert G., von der Hauptabteilung der Kriminalpolizei. Er war der Verbindungsoffizier zu sämtlichen MUK der DDR. Eigentlich wolle er nur wissen, wie es mir gehe, fing er an. Er sei wegen einer Sache in unserer Behörde, die aber nichts mit mir zu tun habe. Doch dann fragte er mich urplötzlich: »Du, Siggi, wie ist eigentlich dein Verhältnis zum Leiter der Kriminalpolizei und zu deinem Dezernenten?«

»Besonders angespannt ist mein Verhältnis zum Abteilungsleiter A.«, erwiderte ich und fügte hinzu: »Nicht weniger auch zum Dezernenten.«

VI

Der Auslöser · »Ausgehauptmannt« · Eine schäbige Belobigung · Akten können abmagern · Das Parteiausschlussverfahren · Der Schläger von Halle-Neustadt · Duplizität der Ereignisse · (M)eine Schreibmaschine · Die »Erika« bekommt eine Zwillingsschwester

Das Jahr 1982 neigte sich dem Ende entgegen. Es war bei uns üblich, den Jahresabschluss in gemeinsamer Runde bei einem Essen zu feiern. Gemäß dieser Tradition fragte ich meinen Dezernenten, ob es möglich sei, Geld für diesen Anlass zur Verfügung zu stellen. Die Antwort fiel knapp aus: »Genosse Schwarz, für so etwas gibt es kein Geld mehr!« Nun kann man als Leiter einer MUK vieles tun, aber einen Jahresabschluss ausfallen zu lassen, das ging nicht – jedenfalls nicht bei mir. Daher beschloss ich, das Essen für meine Leute aus eigener Tasche zu bezahlen.

Apropos aus eigener Tasche bezahlen: Jahre zuvor hatte ich im Lotto »6 aus 49« etwas über 4.000 Mark gewonnen. Die Freude über diesen Geldsegen teilte ich mit meinen Mitarbeitern, Staatsanwälten und Jägern. Das heißt, es wurde gemeinsam gegessen und getrunken.

Ich reservierte also einen Tisch in der *Eselsmühle*. Wir trafen uns am 30. Dezember und wollten den Abend im Parterre des Lokals genießen. Wir hatten noch nicht zu Ende gegessen, als in der oberen Etage der *Eselsmühle* eine Disko ihren Betrieb aufnahm. Die Musik war lautstark. Eine normale Unterhaltung war nicht mehr möglich. Daher schlug ich einen Ortswechsel vor. Spontan lud ich die Männer zum Besuch des *Moritzburgkellers* in der Innenstadt ein. Ich mochte das Lokal, weil dort zum Tanz aufgespielt wurde. Einige Mitarbeiter hatten dazu keine Lust mehr und lehnten ab. Mit drei Leuten sowie unserem altgedienten Fahrer Gerd S. fuhr ich im Dienst-Pkw zur Innenstadt. Doch unterwegs äußerten auch die restlichen Männer, dass sie nun nach Hause wollten. So ließ ich sie denn ziehen und ging allein in die Bar. Von meinem Fahrer verabschiedete ich mich und sagte ihm noch, dass er mich hier finden konnte und ab Mitternacht in meiner Halle-Neustädter Wohnung. Nur für den Fall eines plötzlichen Einsatzes.

Gegen 20.30 Uhr übergab ich an der Garderobe meine schwarze Kutte mit Pelzkragen und meinen Hut an die altgediente Garderobiere, welche so ziemlich immer hier Dienst tat, wenn ich vorbeikam. Ich betrat den Tanzraum und erkannte auch sogleich die Musiker. Doch weiter kannte ich niemanden von den anwesenden Gästen. Ich bin kein Kind von Traurigkeit und bemerkte recht schnell zwei gutaussehende Damen verschiedenen Alters. Da sie offensichtlich ohne männliche Begleitung hier waren, fragte ich, ob ich ihnen Gesellschaft leisten dürfe. Die beiden waren einverstanden und luden mich sogar auf ein Gläschen Sekt ein. Die Flasche stand schon geöffnet auf dem Tisch, so dass der Ober nur noch ein drittes Glas zu bringen brauchte. Wir stießen auf den jungen Abend an.

Die beiden Frauen tanzten miteinander, und als die jüngere der beiden von einem Tanzpartner aufgefordert wurde, übernahm ich die Vertretung bei der älteren der beiden. Natürlich plauderten wir ein wenig beim Tanzen, und ich erfuhr, dass es sich bei den Frauen um Mutter und Tochter handelte. Die angefangene Flasche Sekt reichte nicht weit, und so spendierte ich noch eine weitere. Ich tanzte mal mit der einen, mal mit der anderen. Gegen Mitternacht beschloss ich allerdings, wie meinem Fahrer schon vorher mitgeteilt, mich auf den Heimweg zu begeben. Ich bat den Ober, mich abzukassieren. Er kam auch sofort, und ich bezahlte meine Rechnung. Dann wünschte ich den beiden eine gute Nacht. Bis hierhin dauerte der angenehme Teil des Abends. Der zweite, folgende Teil wurde ungemütlich und stellte den Anfang einer demütigenden, zermürbenden Phase meiner Dienstzeit dar.

An der Garderobe angekommen, stellte ich den Verlust meiner Garderobenmarke fest. Ich hatte sie, wie sonst auch, in das Geldfach meines Portemonnaies gelegt. Doch dort war sie nicht mehr. Ich erklärte der Garderobenfrau, die mich kannte und die ich meinerseits herzlich mit »Mutter« anredete, dass ich die Marke verloren habe. Ich bat sie außerdem, mir Hut und Mantel eben ohne Marke auszuhändigen. Diese Bitte wehrte sie kategorisch ab: »Ohne Marke keine Garderobe!« Daraufhin erklärte ich ihr, dass ich meine Garderobe gut kenne. Sie solle nur in der rechten Außentasche des Mantels nachschauen. Dort befinde sich an einem Lederband der Tür- und Zündschlüssel meines Pkw »Trabant«. Auch ein Sicherheitsschlüssel sei darin. Ich hoffte, durch meine Angaben mich als Besitzer des Mantels ausreichend auszuweisen. Die Garderobiere ging darauf nicht ein. »Ohne Marke keine Garderobe!«, wiederholte sie. Ich versuchte es mit der dienstlichen Keule und holte meinen Dienstausweis hervor. »Mutter, schreib auf!«, forderte ich sie auf. »Hauptmann der Kriminalpolizei Siegfried Schwarz, Bezirksbehörde Deutsche Volkspolizei Halle, Abteilung Kriminalpolizei, Dienstbuch Nummer … Und gib mir bitte meine Sachen heraus! Ich bin müde und möchte nach Hause. Sollte nach mir jemand anzeigen, dass ich seine Garderobe geklaut habe, kannst du mich anzeigen.«

»Und wenn du der Kaiser von China wärst«, fuhr sie mich an, »die Sachen bekommst du nicht!« Mit freundlichen Worten kam ich nicht weiter. Aber mein Mantel und mein Hut hingen hinter der Frau in greifbarer Nähe. Ich zauderte daher nicht und griff nach meinen Sachen. Das versuchte sie, zu verhindern, und hielt meinen Arm fest. Es kam zum Handgemenge, in dessen Ergebnis ich zwar meinen Mantel in der Hand hielt, jedoch auch den Stoffvorhang der Garderobe ein Stück weit aus seiner Halterung gerissen hatte. Die Frau schrie laut um Hilfe und wollte mir meinen Mantel wieder wegnehmen. Doch in der Zwischenzeit hatte sie das Personal zusammengerufen, welches mich nun umringte und am Weggehen hinderte. Gleichzeitig hieß es, die Polizei sei schon verständigt. *Klar*, dachte ich, *ich bin ja schon da!* Endlich ließen mich die Angestellten der Bar gehen.

Doch beim Verlassen der Kellertreppe sah ich den B1000 des Kriminaldauerdienstes des Volkspolizeikreisamtes Halle auf den Burghof vorfahren. Noch hatte ich nicht begriffen, dass sie meinetwegen kamen. Als ich das Fahrzeug erreicht hatte und daran vorbeigehen wollte, trat mir Kriminalist Sch. in den Weg. Selbstverständlich kannte ich diesen Diensthabenden. »Einsteigen!«, befahl er knapp. Meine Geduld war am Ende. »Sie wissen wohl nicht, wer ich bin? Ich bin Hauptmann der K, Schwarz, BdVP Halle!« Doch der andere erwiderte knapp: »Ab morgen hat sich das ausgehauptmannt!« Gegen meinen Willen zwang man mich zum Einsteigen in den B1000. Doch man fuhr mich nicht zu meiner Dienststelle in die Dessauer Straße 70 in Halle. Die Fahrt endete am Parkplatz vor dem Haupteingang des VPKA Halle in der Dreyhauptstraße. In einem Nebenraum des Kriminaldienstzimmers im Hochparterre wurde ich vorübergehend festgesetzt. Ich fragte natürlich, was das zu bedeuten habe. Als Antwort erhielt ich lediglich, dass man mich bald abholen werde.

Nun saß ich da in dem Büro des VPKA. Es war, wie viele andere auch, mit Schreibtisch und Telefon ausgestattet. Was lag also näher, als zum Telefon zu greifen und meine Dienststelle anzurufen? Ich versuchte, den Leiter der Kriminalpolizei beziehungsweise den Operativen Diensthabenden in der BDVP zu erreichen, denn ich wollte wissen, was dieses ganze Szenario zu bedeuten habe. Mein Vorhaben wurde jedoch im Keim erstickt. Ein Polizist zog den Netzstecker des Telefons und nahm es kurzerhand mit aus dem Zimmer. Irgendwie hatte ich den Verdacht, dass man mich zum Ausnüchtern in dieses Zimmer verbracht hatte. Doch abgeholt wurde ich nicht. Stattdessen wurde es nach Mitternacht nebenan im Dienstzimmer immer ruhiger. Da die Zwischentür nicht geschlossen war, konnte ich durch den Türspalt sehen, dass die gesamte Truppe in schäbigen breiten Polstersesseln schlief. In der Nähe der Tür sah ich ein Jackett, welches über eine Stuhllehne gehängt war. Weil alles nach »Ausnüchterung« roch, schlich ich mich an dieses Jackett und entnahm aus der linken Innentasche einen Dienstausweis. Er gehörte zu einem Kriminalisten, den ich gut kannte. Nun versteckte ich den Ausweis in einem angrenzenden Raum, in welchem Ausbildungsuniformen und Schutzausrüstungen lagerten. Bis heute finde ich es spannend, dass dieser Ausweis bis zu meiner vorzeitigen Entlassung aus dem Polizeidienst nie offiziell vermisst wurde.

Gegen zwei Uhr erschien endlich aus meiner Dienststelle Hauptmann der K M. Er wollte mich nach Hause bringen. Gemeinsam verließen wir das Amt. Doch draußen sagte ich ihm: »Ich kenne meinen Heimweg. Verschwinde sofort!« Zu Fuß begab ich mich nach Halle-Neustadt in meine Wohnung. Am 31. Dezember 1982 war ich pünktlich um 7.45 Uhr in meinem Dienstzimmer. Bereits um acht Uhr klingelte mein Telefon. Am anderen Ende der Leitung befahl mir Hauptmann der K P., sofort in seinem Dienstzimmer zu erscheinen. Dieses befand sich auf der gleichen Etage, aber am anderen Ende. Kaum hatte ich sein Zimmer betreten, da erhob er sich auch schon hinter seinem Schreibtisch. Mit ernster Miene verlas er einen Schriftsatz: »Genosse Hauptmann Schwarz, mit Wirkung des heutigen Tages ist gegen Sie ein Ermittlungsverfahren wegen Sachbeschädigung eingeleitet worden. Weiterhin ein Disziplinarverfahren wegen Schädigung des Ansehens der Sozialistischen Einheitspartei Deutschlands und der Deutschen Volkspolizei. Diese Anschuldigungen basieren auf Ihrem Verhalten im *Moritzburgkeller* in der vergangenen Nacht. Sie halten sich zu meiner Verfügung in Ihrem Dienstzimmer auf.«

Noch am Vormittag desselben Tages brachten mich zwei Kriminalisten aus dem KII zu meiner Wohnung. Einen Grund für diese Fahrt nannten sie mir nicht. Als wir vor der Wohnungstür standen, fragte mich der eine: »In welchem Raum steht der Jagdwaffenschrank?«

»Im Schlafzimmer«, antwortete ich.

Drinnen angekommen, nahm man mir die beiden Waffenschrankschlüssel ab und öffnete den Schrank. Die Männer konfiszierten meine Jagdwaffe Kaliber 16 Bockdoppel, die eingelagerte Munition und das Nachweisbuch über Bestand und Verbrauch der Jagdmunition. Für diese Handlungen gab es weder einen Durchsuchungsbefehl noch ein Beschlagnahmeprotokoll. Von mir darauf hingewiesen, faselte der eine etwas davon, dass man einem Suizid meinerseits vorbeugen wolle. Das war grober Unsinn! Meine Dienstwaffe lag für mich zugänglich zu diesem Zeitpunkt in meinem Schreibtisch im Dienstzimmer. Ich durfte sie auch weiter tragen.

Wir kehrten in die Dienststellte zurück. Dort erfuhr ich, dass meine Jagdwaffe in der Waffenkammer der Dienststelle verbleiben werde. Zu Mittag am 31. Dezember war Feierabend. Trotz oder wegen dieser Umstände verbrachte ich Silvester dieses denkwürdigen Jahres mit meiner Familie außerhalb von Halle bei guten Freunden.

Unmittelbar nach Dienstbeginn am 3. Januar 1983

erhielt ich die Weisung, wegen der gegen mich laufenden Verfahren die Leitung der MUK an meinen Mitarbeiter Manfred L. zu übergeben. Das war keine so schlechte Entscheidung, da Manfred L. die Leitung schon einmal vor meinem Einsatz innegehabt hatte.

Nach meiner Übergabe wollte ich zum Frühstück in den Speiseraum gehen, wie ich es immer getan hatte. Üblicherweise frühstückten alle anwesenden Mitarbeiter gemeinsam. Während ich am 3. Januar noch mit einigen Mitarbeitern zusammen aß, war es am nächsten Morgen total anders! Sowohl beim Frühstück als auch beim Mittagessen saß ich allein am Tisch. Daran änderte sich auch in den folgenden Tagen nichts, im Gegenteil wurde ich mehr und mehr auch von Personen anderer Dienstzweige gemieden.

Der Spießrutenlauf ging weiter in Form von Aussprachen mit meinem Dezernenten und dem Leiter der Kriminalpolizei. Das zog sich bis zum 12. Januar hin. Für den nächsten Tag hatte ich Order, in der Dienststelle zu sein. Als ich am 13. Januar gegen zehn Uhr an meinem Schreibtisch saß, erschien der Leiter der Abteilung, Oberstleutnant der K A., in Begleitung des amtierenden Dezernenten. Der Grund für ihr Kommen war mein dreißigjähriges Dienstjubiläum. Für »treue Dienste in der Deutschen Volkspolizei« überreichten sie mir die entsprechende Medaille und eine Herrenarmbanduhr mit Gravur im Namen des Ministers des Innern der DDR. Mit offensichtlich erzwungener Freundlichkeit erfolgte die Übergabe. Nach nur wenigen Augenblicken war ich wieder allein im Zimmer und die Zeremonie zu meinem Jubiläum war vorbei. Üblich war es, dass bei Erreichen einer so langen Zugehörigkeit zum Organ Polizei im Rahmen einer Dienstversammlung vor aller Augen die Orden überreicht wurden. Anschließend wurde der Anlass mit Sekt begossen und Häppchen aufgetischt. Nun gut, wenn es die Vorgesetzten nicht tun, muss man selbst aktiv werden.

Nach diesem Schauspiel habe ich spontan meinen Gastwirtfreund Werner M. angerufen, den ehemaligen Wirt der *Goldenen Kugel*, welcher nun schon seit einigen Jahren Besitzer der *Bergschenke* in Halle-Nietleben war. Ich bestellte in seinem Lokal für diesen Abend einen Tisch für mindestens zehn Personen. Was mich freute, dass meine Mitarbeiter, wenn auch nicht vollzählig, meiner Einladung folgten. Der Abend verlief nach einem guten Essen feuchtfröhlich. Spät in der Nacht sagte einer meiner Mitarbeiter: »Siggi, ein Rat von mir: Streue dir bei weiteren Befragungen besser etwas Asche aufs Haupt.« Das fand ich eine gute Idee, griff nach dem nächststehenden Aschenbecher und kippte die darin befindliche Zigarettenasche nebst einigen Kippen reumütig auf meinem Haupt aus.

Bereits zu Dienstbeginn am nächsten Morgen hatte mein Dezernent die Information zu dem »Ascheritual« auf seinem Tisch. Also hatte ein Teilnehmer der gestrigen Runde (ob im Auftrag oder freiwillig) die Abläufe der letzten Nacht unverzüglich an den Mann gebracht. Noch schmerzhafter und erschütternd für mich war, dass auch ich einen »Zuträger« hatte. Diese niederschmetternde Information wurde mir durch Dritte bestätigt. Keinem meiner Mitarbeiter hätte ich das zugetraut.

Wenn am Stuhlbein gesägt wurde, dann gründlich, und Zeit verlor man damit auch nicht. Bereits in der ersten Januarwoche 1983 wurden umfangreiche Ermittlungen und Befragungen zu meiner Person vorgenommen. In dieses Geschehen wurden sowohl die Mitarbeiter als auch Menschen, welche mit meiner politischen Tätigkeit nichts zu tun hatten, einbezogen. Dazu gehörte das Durchforsten meiner familiären Verhältnisse. Meine geschiedene Frau und mein Sohn aus erster Ehe wurden aggressiven Befragungen unterzogen, und das, obwohl die Ehe seit zehn Jahren geschieden war. Detailliert wollte man von meiner Exfrau wissen, ob ich allein oder mit ihr und den Kindern Westfernsehen geschaut habe. Befragt wurde sie auch hinsichtlich »Mitbringseln« nach meinen Einsätzen außerhalb des Bezirks Halle, speziell in der Hauptstadt Berlin. Ob ich westliche Produkte oder Erzeugnisse westlicher Printmedien mitgebracht hätte. Sämtliche Befragungen dieser Art führten bei meiner Exfrau jedoch zu keinem Ergebnis. Resigniert stellte der befragende Ermittler fest: »Zu der braucht keiner mehr gehen. Die hält zu dem!« Tage später versuchte es ein Ermittler in sehr aggressiver Form bei einem meiner Söhne. Als dieser die Befragung ablehnte und versuchte, dem Mann die Tür vor der Nase zuzumachen, stellte jener einen Fuß in die spaltbreit geöffnete Wohnungstür. Doch der Junge schlug die Tür so kräftig zu, dass der Mann davon abließ, den Korridor zu betreten.

Natürlich befragte man auch meine beiden Bekanntschaften vom 30. Dezember 1982. Ob die beiden dadurch erfuhren, dass ich Kriminalist war, weiß ich nicht. Ich hatte dazu nichts preisgegeben. Beide Frauen, so erzählte mir einer meiner Mitarbeiter, gaben übereinstimmend an, dass ihr Gesprächspartner, also ich, etwas mit der Natur und der Tierwelt zu tun haben müsse. Ausführlich habe der Mann über die Ausbildung von Greifvögeln für die Beizjagd erzählt. Daraus wurde deutlich, dass ich weder preisgegeben hatte, dass ich Kriminalist sei, noch Leiter der Morduntersuchungskommission Halle. Für mich klärte allein das Ermitteln der beiden Frauen, dass in der Bar offensichtlich Inoffizielle Mitarbeiter (IM), möglicherweise in den Reihen des Personals, tätig waren. Vielleicht hintertrug ja sogar eine der beiden Frauen Informationen an das MfS. In jedem Fall waren diese Informationen sicher nicht das, was man hatte hören wollen.

Bis Mitte Februar 1983 wurde eifrig hinter den Kulissen manövriert, welche Rolle ich zukünftig einnehmen sollte. Am 18. Februar 1983 einigte man sich abschließend auf folgenden Vorschlag: »Für Hauptmann der Kriminalpolizei Siegfried Schwarz, 01.04.1935, Leiter der MUK seit 1976, Dienststellung Major der Kriminalpolizei 850,-, Dienstalter 30 Jahre. Herabsetzung im Dienstgrad zum Oberleutnant der K mit Herabsetzung der Dienststellung und Einsatz im Dezernat II Referat AK. Begründung: Im Ergebnis des durchgeführten Disziplinarverfahrens gegen Hauptmann der K Schwarz werden folgende Maßnahmen vorgeschlagen: …«

Weder der Leiter der Abteilung Kriminalpolizei noch der Dezernatsleiter II haben diesen Vorschlag erarbeitet. Sämtliche Unterschriften sind von Stellvertretern geleistet worden. Auf der Rückseite des Dokuments steht: »Durch Befehl des Chefs der BDVP über Kadernummer 1017/83 wird mit Wirkung zum 18.02.1983 zum Oln. d. K. degradiert und als Leiter der MUK herausgelöst. Einsatz Offz. MUK.«

Zu DDR-Zeiten lag einmal meine Akte auf dem Tisch des MUK-Leiters. Zu diesem Zeitpunkt füllte sie einen großen Leitzordner. Ende der 1990er Jahre habe ich in der Polizeidirektion Halle und später in der Polizeidirektion Magdeburg meine Kaderakte einsehen dürfen. Ich fand eine sehr verdünnte Akte vor, die in einen Schnellhefter passte. In diesem Sammelsurium fand ich außer dem Vorschlag zu meiner Degradierung weder das Parteiverfahren noch Unterlagen des Disziplinarverfahrens. Stattdessen war auf dem Vordruck des Kadervorschlags die ursprüngliche Seitenzahl 66 durchgestrichen und durch die Blattzahl 55 ersetzt worden. Dieser Schrumpfprozess zieht sich durch meine gesamte Akte. Obwohl ja einiges nun fehlte, fand ich stattdessen andere Unterlagen, die wirklich lange zurücklagen, darunter ein Vorschlag zu meiner Degradierung aus dem Jahre 1955 wegen des Verlusts meines Dienstausweises sowie ein von mir unterzeichnetes

Protokoll über ein Tête-à-Tête mit einer Frau aus den 1960er Jahren.

Kurz bevor die DDR zur BRD wurde, wandte ich mich mit einer Eingabe an die »neue Führung« der BDVP. Ich erhielt ein Antwortschreiben vom ehemaligen Leiter der Abteilung Kriminalpolizei, A. Es war genau der Genosse, mit dem ich schon viele Auseinandersetzungen gehabt hatte. Er hatte es also noch vor der Wende in die Chefetage gebracht! Im September 1990 hatte ich kurz die Möglichkeit, ein Mitglied der Chefleitung wegen der verschwundenen Unterlagen zu sprechen. Die Antwort lautete, ich solle mich nicht wundern, nach Abschluss meiner Verfahren seien alle Akten an die Bezirksverwaltung des MfS übergeben worden.

An dieser Stelle möchte ich erklären und nicht verhehlen, dass ich vom Sieg des Sozialismus über den Kapitalismus überzeugt war. Ich war freiwillig in die bewaffneten Organe Seepolizei eingetreten, ich war in der Deutschen Volkspolizei tätig und wurde dort auch regelmäßig politisch geschult. In meiner ersten Ehe hat es nie Westfernsehen gegeben. Ich war ehrenamtlicher Pionierleiter in der Merseburger Schule, welche zwei meiner Söhne besuchten. Für diese gesellschaftliche Tätigkeit wurde ich 1958 zum Staatsakt aus Anlass des zehnten Jahrestags der Pionierorganisation mit einer Delegation des Bezirks Halle nach Berlin eingeladen.

Wie ernsthaft das Geschehen um mich wirklich war, erlebte ich in der Parteiversammlung. Es sollte entschieden werden, was mit mir auf Parteiebene passieren werde. Von den circa vierzig Mitgliedern der Parteigruppe haben bei der Diskussion nur zwei Personen wertschätzende Worte für mich und die von mir geleistete Arbeit gefunden. Fast wütend stellte der Versammlungsleiter daraufhin klar: »Genossen! Hier geht es nicht um eine Parteistrafe, sondern um den Ausschluss aus unserer Partei!« Am Ende der Diskussion erging der Beschluss, dass ich eine Rüge erhalten werde, wegen der Schädigung des Ansehens unserer Partei. Als die Rüge rechtskräftig war, fühlte sich der Parteisekretär veranlasst, mir noch einmal zu verdeutlichen: »Schwarz! Noch einmal an den kleinen Finger gestoßen und du fliegst im hohen Bogen raus!« Die Ermittlungen, welche zu diesem Ergebnis geführt hatten, waren mit schäbigsten Mitteln und Methoden geführt worden, von Menschen, die bei jeder Gelegenheit betonten, welch gute Kommunisten sie seien und vom Sieg des Sozialismus überzeugt.

Der oben beschriebene Vorschlag zu meiner Degradierung sowie der am gleichen Tag erlassene Chefbefehl (18. Februar 1983) wurden im Eilverfahren vollstreckt. Ich ging dem gesamten Gewese erst einmal aus dem Weg, indem ich eine Woche (19. bis 26. Februar 1983) meinen Resturlaub aus 1982 zusammenkratzte und nach Güntersberge in den Harz fuhr. Um den Kopf frei zu bekommen, ging ich meiner Lieblingsbeschäftigung, dem Jagen, nach. Da meine Jagdwaffe weiterhin in der Waffenkammer der Dienststelle auf eine offizielle Begründung für ihre Beschlagnahme wartete, erhielt ich eine Jagdwaffe von dem zuständigen Oberförster. Meine Degradierung hatte auch noch andere Auswirkungen auf meine Jagdtätigkeit. Ich durfte nicht mehr als Vorsitzender der Jagdgesellschaft agieren, und das nicht auf Beschluss der Mitgliederversammlung, wie es die Vereinsordnung vorschrieb, sondern durch eine dienstliche Anordnung meiner Vorgesetzten!

Im März erfolgte dann die Entscheidung über mein künftiges Aufgabengebiet. Laut Chefbefehl sollte ich als Untersuchungsführer in der MUK verbleiben. Ich konnte mir aber eine Zusammenarbeit mit meinem Nachfolger Manfred L. in keiner Weise vorstellen. Daher entschied ich mich für den Wechsel ins Kommissariat II. Dieses unterstand dem Dezernat II, und ich konnte wieder als Mordermittler arbeiten. Der Wechsel bescherte mir neue Vorgesetzte, ein neues Zimmer und einen Zimmerkollegen. Ganz neu war das alles nicht, da ich die Kollegen bereits aus meiner Arbeit kannte. Mein Bürogenosse, Hauptmann der K Bl., weihte mich vorsichtshalber in die Gepflogenheiten des neuen Gebiets ein. So waren zum Beispiel die Dienstkraftwagen (Pkw mit Zivilkennzeichen) sogenannte Selbstfahrer. Hinter meinem Rücken hatte einer der Vorgesetzten schon zu Beginn meiner Tätigkeit hämisch gesagt: »Wenn der Schwarz kommt und außer Haus Ermittlungen aufnehmen muss, bekommt er erst mal keinen Selbstfahrer! Der soll erst mal laufen lernen!« Natürlich war das Schikane, weil alle wussten, dass ich als MUK-Leiter bisher einen eigenen Kraftfahrer gehabt hatte. Und es war auch wenig zweckdienlich, denn natürlich konnte man nicht vom Stadtgebiet Halle zu Ermittlungen nach Leuna oder Bad Dürrenberg laufen. Aber man konnte Straßenbahnen und Züge nutzen. Das tat ich ausgiebig und belegte alle Fahrten mit den entsprechenden Fahrscheinen. Die Ermittlungsgänge verzögerten sich dadurch.

In meiner Arbeit stellte sich eine gewisse Routine ein, was mich zu dem Gedanken verleitete, dass sich die Wogen um meine Person geglättet hätten. Am 1. Juni 1984 wurde mir klar, dass dies ein Irrtum war. Ich wurde für neun Uhr in das Vorzimmer des stellvertretenden Leiters Kriminalpolizei der BDVP einbestellt. Dort traf ich auf den Major der K B. von der Hauptabteilung Kriminalpolizei beim MdI Berlin. Außerdem befand sich eine Protokollantin am Schreibmaschinentisch. Der Grundtenor seines Fragenkatalogs betraf meine Tätigkeit als Leiter der MUK sowie einige längst abgeschlossene Mordsachen mit verurteiltem Täter. Zum Vorwurf machte er mir einen Vorfall, bei dem ich als Leiter nicht an einer Obduktion teilgenommen, sondern einen Mitarbeiter beauftragt hätte. Im Ergebnis seien dadurch wichtige Erkenntnisse nicht zum Tragen gekommen. Eine solche Befragung mit schriftlicher Fixierung war im Umgang mit Mitarbeitern völlig unüblich. War eine Seite vollgeschrieben, nahm der Major das Schriftstück und verließ den Raum in Richtung Nebenzimmer. Dort befand sich der Leiter der K, U. Was bei der Untersuchung nicht bedacht wurde, dass die Zwischentür zwischen beiden Räumen recht dünn war und ich gute Ohren hatte. Die lauthals geführten Gespräche nebenan konnte ich dadurch relativ genau verfolgen. Major U. gefielen meine Antworten nicht. Regelmäßig monierte er: »So kann das nicht stehen bleiben! Das muss anders kommen!« Und damit schickte er den Frager wieder zurück zu mir. Nachdem ich dieses Schauspiel mehrfach verfolgt hatte, wurde es mir zu bunt, und ich beschloss, den Vorhang fallen zu lassen. Als der Major dieses Mal von seinem Lektor kommend das Zimmer betrat, fiel ich ihm ins Wort. Ich erklärte, dass unser Zusammensein an diesem Punkt ein Ende habe. Er wollte natürlich wissen, warum. Ich wies ihn auf die mitangehörten Äußerungen hin und verließ das Zimmer.

Von diesem Zeitpunkt an konnte ich relativ uneingeschränkt an neu eingehenden Mordfällen arbeiten. Interessant in diesem Zusammenhang war das Ergebnis eines Forschungsberichts zur Führungs- und Leitungstätigkeit der Mordkommissionen in der DDR. Unter Punkt zwei in diesem Bericht aus dem Jahre 1985 wird geschlussfolgert: »Es kann eingeschätzt werden, dass nur in der MUK Halle ernsthafte Probleme zwischen dem MUK-Leiter und dem Kollektiv existieren.«

Eines Tages bekam ich eine Akte über die Tötung eines Siebzehnjährigen auf den Tisch. Der Jugendliche war bei einer Disko in Halle erschlagen worden. Als Täter hatte das VPKA Halle einen jungen Mann ermittelt und in U-Haft genommen. Ich nahm also die Ermittlungen auf. Dabei stieß ich immer wieder auf Schlägereien in Diskotheken, in welche der Mann verwickelt war. Es mangelte jedoch an konkreten Beweisen. Aus diesem Grund ließ ich mir alle ungeklärten Vorgänge zu Körperverletzungen aus der Stadt Halle und dem Saalekreis bringen. In mehreren Täterbeschreibungen fand ich Hinweise auf meinen Mann. Unter den ungeklärten Vorgängen befand sich auch ein dicker Leitzordner über einen Vorgang vom Vorabend des 7. Oktober (damals Tag der Republik). Ein Offizier des MfS war dabei niedergeschlagen worden und hatte am Boden liegend weitere Schläge und Tritte erhalten. Er erlitt erhebliche Gesichtsverletzungen mit Frakturen. In dem Ordner gab es Zeugenaussagen, welche eine weibliche Person bezeichneten, welche lautstark den Täter von weiteren Attacken abgehalten habe. Diese weibliche Person war jedoch nicht ermittelt worden. Die Bearbeitung dieser Körperverletzung fand verständlicherweise in enger Zusammenarbeit mit Ermittlern des MfS statt. Dennoch gingen den Kriminalisten irgendwann die konkreten Ermittlungsansätze aus, und das Verfahren wurde vorläufig eingestellt.

Mich interessierte nun diese weibliche Person, welche den Täter vom Schlimmsten abgehalten hatte. Wenn der in dieser Situation auf sie hörte, mussten beide sich nahestehen – so meine Schlussfolgerung. Ich ermittelte also im persönlichen Umfeld meines Verdächtigen und stieß auf eine junge Frau. Sie wurde sogar als die Freundin des Täters beschrieben. In einer meiner Vernehmungen fragte ich daher den Verdächtigen rundheraus nach einer Freundin. So bestätigte sich meine bisherige Schlussfolgerung und ich erhielt sogar den Namen. Natürlich ahnte der Vernommene nicht, wozu ich diese Informationen benutzen würde.

Ich lud die nun namentlich bekannte junge Frau vor. Meiner Ladung folgte eine junge, hübsche Frau, welche bestätigte, mit dem Tatverdächtigen befreundet zu sein. Im Laufe der Zeugenvernehmung sprach ich sie auch auf den Tatabend an. Sie schilderte mir Ablauf und Umstände, welche zum Tode des Siebzehnjährigen geführt hatten. Als Erklärung gab sie an, dass ihr Freund unter Alkoholeinfluss ohne triftige Gründe sehr schnell aggressiv wurde und beim geringsten Anlass die Fäuste einsetzte. Ich hatte also meinen Täter gefunden. Nun wollte ich noch wissen, ob er auch für den Angriff an den Mitarbeiter des MfS verantwortlich war und fragte die junge Frau nach dem Vorabend zum 7. Oktober. Sie schilderte mir, dass ihr Freund und sie gegen Mitternacht den Bereich des Rates der Stadt Halle-Neustadt passiert hatten. Dort rempelte ihr alkoholisierter Freund einen Unbekannten an. Wegen des Rempelns fühlte sich der Schläger sofort angegriffen und reagierte mit kräftigen Schlägen gegen den Mann. Obwohl dieser schnell am Boden lag, hörte der Schläger nicht auf, sondern versetzte dem Opfer nur noch härtere Schläge. Die Freundin bekam es mit der Angst und schrie ihren Freund an, dass er aufhören sollte. Doch dieser sah und hörte nichts. Schließlich riss sie ihn vom Opfer weg. Sie sei froh gewesen, dass er endlich abgelassen hatte und sie ihn auf den Heimweg bringen konnte. Um den Verletzten konnte sie sich, nach eigener Aussage, in diesem Moment nicht kümmern. Sie ließen ihn einfach liegen. Nachdem ihr Freund etwas zur Besinnung gekommen war, vereinbarten beide Stillschweigen über die Tat.

Der Aufklärung der Körperverletzung an dem Mitarbeiter des MfS habe ich meine Reputation zu verdanken. Dies steht zwar in keinem Protokoll. Ich bin aber fest davon überzeugt. Denn am 1. Juli 1985 wurde ich wieder zum Hauptmann der K befördert.

In den folgenden Jahren gab es erstaunlicherweise keine Beschwerden an meiner kriminalistischen Arbeit. Auch nicht im Freizeitbereich. Man erlaubte mir wieder mit meiner eigenen Jagdwaffe das Weidwerken. Bereits am 15. Februar 1985 gab es den Vorschlag, mich wieder zum Hauptmann zu befördern. Eine Beförderung, die bereits im Jahre 1979 stattgefunden hatte und mit meiner Degradierung im Februar 1983 wieder rückgängig gemacht worden war. Im Juli 1985 hatte ich also meinen ehemaligen Dienstgrad zurück!

Am 26. Oktober 1987 vergewaltigte ein unbekannter Täter im Stadtwald von Halle eine junge Frau. Zuvor hatte er sie in der Nähe einer Bushaltestellte bei Lieskau aus seinem Moskwitsch heraus angesprochen und erfahren, dass sie auf dem Weg zu einer Nachtschicht sei. Freundlich bot er an, sie ein Stück mitzunehmen. Doch er hatte anderes vor. Nach der brutalen Vergewaltigung ergriff er in seinem Auto die Flucht. Womit er nicht gerechnet hatte, dass die Frau sich das Kennzeichen seines Pkw merken würde. Noch in der gleichen Nacht konnte die Polizei den Halter dieses Fahrzeugs festnehmen. Dabei kam heraus, dass der damals Siebenunddreißigjährige erst seit sechs Monaten auf freiem Fuß war. Zuvor hatte er eine vierjährige Haftstrafe abgebüßt, welche unter anderem wegen Vergewaltigung in zwei Fällen verhängt worden war.

Der Fall landete auf meinem Tisch zur weiteren Bearbeitung. Doch diese Tat war nicht die einzige. Zum Abgleich erhielt ich zwei weitere nicht geklärte, brutale Vergewaltigungen, die ebenfalls von einem unbekannten Pkw-Fahrer verübt worden waren. Diese band ich natürlich in meine Vernehmungen mit dem mutmaßlichen Täter ein. Das Ergebnis war ein Ermittlungserfolg: Der Mann gab zu, auch am 16. Oktober 1987 bei Kaltenmark im Saalekreis zu mitternächtlicher Stunde eine sechzehnjährige Schülerin brutal vergewaltigt zu haben. Ebenso am 18. September 1987 eine zweiundzwanzigjährige Frau, welche nach einer Geburtstagsfeier zu Fuß von Döhlau nach Lieskau unterwegs war. Austragungsort der Tat war in allen Fällen sein Pkw. Meine letzte Vernehmung dieses Täters fand am 5. November 1987 in der UHA im Hansering in Halle statt.

Zwischen den Frauen und mir hatte sich im Laufe der Ermittlungen ein freundschaftliches Verhältnis entwickelt. Ich ließ sie daher wissen, dass ich zum Ende des Jahres meinen Dienst aus gesundheitlichen Gründen quittieren werde. Rührend war ihre Reaktion. Mitte Dezember erhielt ich einen Brief. Inhalt war eine handgefertigte Weihnachtskarte der beiden. Auf der Vorderseite links stand »Frohes Fest«. In die Mitte hatten sie ein buntes Herz auf Tannengrün sowie eine brennende rote Kerze gemalt. Im Inneren wünschten sie mir »... und besinnliche Stunden im Kreise der Familie und Kollegen sowie einen guten Start in das neue Jahr und in die neue Etappe und Gesundheit«. Signiert war die Karte mit »wünschen Ihnen Frl. K. und W., Lieskau, den 15.12.1987«.

Somit beendete ich meine Karriere als Kriminalist so, wie ich sie begonnen hatte: mit der Aufklärung von Vergewaltigungen. Im August 1958, als ich zum ersten Mal allein Dauerdienst verrichtete, kam es im Stadtpark der Stadt Merseburg durch einen uniformierten Täter gegenüber von zwei Studentinnen zu sexuell motivierten Nötigungen.

Den Rest des Monats Dezember verbrachte ich damit, meine zukünftige Arbeit auszuloten.

Weil ich für den operativen Dienst in der Kriminalpolizei nicht mehr einsatzfähig war, hatte ich darum gebeten, mir einen anderen Aufgabenbereich in der VP zu übertragen. Der Leiter des Dezernats II ließ mich damals allerdings wissen, dass es für mich keinen Arbeitsplatz mehr gäbe. Etwas später bot man mir an, ich könnte im Porzellanwerk Lettin die Stelle des Kaderleiters besetzen. Dankend lehnte ich ab.

Anfang Januar 1988 fragte mich der Sachgebietsleiter, Major der K Sch., was ich mir als Geschenk zum Abschied aus der VP wünsche. Wie aus der Pistole geschossen antwortete ich: »Ja, ich möchte als Geschenk eine ›Erika‹-Reiseschreibmaschine.«

Daraufhin fragte er: »Wieso?«

Ich war um die Antwort nicht verlegen: »Weil ich auf der die erste Eingabe gegen euch schreiben werde!«

In einem halleschen Fachgeschäft machte ich mich kundig und fand tatsächlich ein derartiges Schreibgerät, welches auch in größeren Mengen in unserer Dienststelle verwendet wurde. Für DDR-Verhältnisse war der Kaufpreis ganz schön happig: EVP 485,- Mark. Ich informierte den Sachgebietsleiter über diesen Preis. Tags darauf erklärte er mir ohne Umschweife, dass die Dienststelle mir diese Summe nicht bewilligen werde. Maximal die Hälfte könne man beisteuern. Mit dieser Antwort ließ er mich allein.

In meinem Haushalt existierte bis zu diesem Tage keine Schreibmaschine. Ich biss daher in den sauren Apfel. Bei dem teuren Stück handelte es sich um eine »›Erika‹-Kleinschreibmaschine, Modell E 127, Gütezeichen Q, Schlüsselnummer EL138 25 121, Herstellungsdatum 05.04.1987, aus dem VEB Robotron Rechen- und Schreibtechnik Dresden, 8021 Dresden, Bodenbacher 81«.

Am 27. Januar 1988 traf ich um siebzehn Uhr, kurz vor Feierabend, erneut mit dem Sachgebietsleiter, Major der K Sch., zusammen. Er begrüßte mich: »Du, Siggi, morgen ist deine Verabschiedung. Bring die Schreibmaschine mit. Die wollen wir dir doch dabei übergeben.« Ich traute meinen Ohren nicht. Wie schamlos konnte man sein! In aller Ruhe gab ich ihm die passende Antwort: »Hör zu! Ich habe, um die Schreibmaschine kaufen zu können, mehr als die

Hälfte des Kaufpreises aus meiner eigenen Tasche bezahlt. Ich kann eins machen: Ich bau den Wagen aus der Maschine aus und den könnt ihr mir bei der Verabschiedung überreichen. Der Rest nämlich ist mein Eigentum.« Wortlos verließ er mein Dienstzimmer. Nur Minuten später erschien Sch. erneut und sagte: »Du brauchst morgen die Maschine nicht mitbringen.« Offensichtlich hatte er Rücksprache mit dem Kommissariatsleiter gehalten.

Donnerstag, 28. Januar 1988, gegen fünfzehn Uhr. Auf dem langgezogenen Flur des Kommissariats II ertönte aus dem Zimmer des Leiters eine laute Stimme, so laut, dass sie bis in den besagten Flur zu vernehmen war: »Mal herhören! Wer im Moment keine Vernehmung hat, kommt runter in den Kulturraum.« Der Sachgebietsleiter klopfte vorsorglich noch an mehrere Bürotüren, um weitere Mitarbeiter hinunter in den Kulturraum zu bewegen. Zusammen mit ihm traf ich dort ein. Ein überschaubares Arsenal an Mitarbeitern hatte darin Platz genommen. Minuten später trafen dann die Oberen ein: Leiter des KII, Major der K J., als Abgesandter des Dezernatsleiters, um meine Verabschiedung vorzunehmen. Der offizielle Akt dauerte nur fünfzehn Minuten. Er bestand darin, dass mein Dienstzeugnis und ein Dankschreiben des Chefs der BDVP Halle, Generalmajor Schröder, verlesen wurden. Bei der Übergabe der Schriftstücke versuchte Major der K J. den schlechten Witz, dass es ja Januar sei, und mit Blumen sähe es daher schlecht aus. Die Krönung kam vom Parteisekretär: »Siggi, wenn du noch ein Andenken an uns haben möchtest, kannst du dir gern noch ein Buch kaufen. Die Rechnung schickst du dann zu uns.« Ich glaube, Andenken an diesen Verein habe ich bis heute genug! Ich sagte nur noch: »Der Worte sind genug gewechselt. Lasst mich gehen.«

Was wurde nach der Wende und dem Beitritt der DDR zur BRD aus den mich zuletzt umgebenden Leitern und dem Parteisekretär? Letzterer avancierte in der Gunst seiner neuen Vorgesetzten bis zum Kriminaldirektor und wurde nach Jahren mit viel Pomp öffentlichkeitswirksam in den wohlverdienten Ruhestand versetzt. Der Leiter des ehemaligen Kommissariats II fand sich auch in der neuen Zeit als dienstlicher Leiter wieder und ein anderer sogar im BKA.

Bei der Arbeit an diesem Manuskript zeigte meine »Erika«, das Teilabschiedsgeschenk der Bezirksbehörde der Deutschen Volkspolizei (Kriminalpolizei), gravierende Altersbeschwerden. Die Freitaste war aus ihrer Befestigung herausgebrochen. Mit Klebeband hatte ich sie halbwegs funktional wiederhergestellt.

Als im November 2020 der bei mir angestellte Jäger Christian erschien, zeigte ich ihm auch, unter welchen erschwerten Bedingungen das Manuskript zu diesem Buch entsteht. Er machte auch noch einen Vorschlag, meine »sibirische Reparatur« abzuändern. Dabei blieb es aber. Anfang Dezember 2020 dann die große Überraschung. Christian kam mit einem zweiten Jäger zu mir und hatte einen kleinen, rechteckigen, schwarzen Koffer bei sich, welcher große Ähnlichkeit mit dem

Koffer meiner Schreibmaschine zeigt: »Hier habe ich was Schönes für dich!« Sofort war mir klar, dass dies der Koffer zu einer Reiseschreibmaschine war. Perfekt war die Überraschung, als ich anschließend eine Zwillingsschwester meiner »Erika« in den Händen hielt. Im Gegensatz zu meiner war die andere nagelneu. Ein kleines Täschchen mit Pflegeutensilien und sogar zwei Päckchen Tast-Ex kamen zum Vorschein. Die allergrößte Überraschung über die eventuelle Herkunft dieser Schreibmaschine verbarg die große Innentasche des Koffers. Nämlich einen neunseitigen Schreibmaschinenschriftsatz mit Ort und Datum »Köthen, den 17.08.1989«. Links am oberen Schriftsatz neben der Datumsangabe firmierte als Urheber das Volkspolizeikreisamt Köthen!

Nachbemerkungen

Am 31. Januar 1988 war endgültig Schluss mit meiner über dreieinhalb Jahrzehnte andauernden erfolgreichen Arbeit als Kriminalist. Weil wegen schon längerer Krankheit die Polizeiführung keinerlei Möglichkeiten sah, um mich anderweitig zu beschäftigen, schlug man mir vor, einen Antrag auf Invalidisierung zu stellen. Meinem Antrag wurde stattgegeben. Anfänglich lautete der stattgegebene Antrag auf Vollinvalidität. Später wurde mit einem Federstrich daraus eine Teilinvalidisierung. Dadurch wurde meine Rente von etwa 1.000 Mark halbiert.

Mit 500 Mark war der Alltag nicht zu bewältigen. Daher war ich kurzzeitig im Einzelhandel tätig. Später vermittelte mich mein älterer Bruder an seinen Schwiegersohn, der ab 1989 die entstehende Aktion »Essen auf Rädern« betrieb. Nachdem ich wochenlang Speisen ausgefahren hatte und das Geschäft immer weiter expandierte, habe ich als Koch bis Mitte 1990 im gleichen Unternehmen gearbeitet. Die Stelle des Essenausfahrers trat nun mein langjähriger Kraftfahrer, der auch Rentner war, an. Man fragt sich sicherlich, wieso ich jetzt als Koch arbeitete. Aus wenigen Produkten etwas zu kochen, hatte ich mir ja in den 1940er Jahren angeeignet. Erweitert habe ich dieses spezielle Wissen durch die Koch- und Backkunst meines Vaters, welcher in englischer Kriegsgefangenschaft das Kochen erlernt hatte.

Im Betrieb meines Verwandten kam es hin und wieder vor, dass die im Hause versorgten Essenteilnehmer hinter vorgehaltener Hand mehr als einmal mir offenbarten, dass mein Gekochtes zum Teil besser schmecke als das von meinem Verwandten Zubereitete.

Anhaltender Bluthochdruck, Wasser in den Beinen und Herzbeschwerden beendeten aber diese Tätigkeit.

1991 stellte mich der Bürgermeister der Gemeinde, in welcher sich auch mein bescheidener Landsitz befindet, als angestellten Jäger ein. Neben der Hege und Pflege des heimischen Wildes war ich für den Verkauf erlegten Wildes zuständig, zudem für Biotopverbesserungen, Anpflanzungen von Sträuchern und Gehölzen.

Vom gleichen Jahr an habe ich für Jäger, welche krankheitsbedingt nicht in der Lage waren, ihre jungen Jagdhunde selbst auszubilden, diese Aufgabe übernommen. In der Funktion als Ausbilder fuhr ich zu internationalen Prüfungen nach Österreich, in die Slowakei und nach Tschechien. Dabei erzielten einige Hunde Spitzenergebnisse, und in einem Fall ging ein Rüde aus meinem Besitz als Gesamtsieger einer derartigen Prüfung hervor.

Nach einem Beschluss der Mitgliederversammlung der Jagdgenossenschaft im Jahr 1995 habe ich die Jagd auf einer Fläche von 670 Hektar gepachtet und bin heute noch der alleinige Pächter dieser Fläche. Das ständige Leben auf dem Lande und in der Natur hat mich gesundheitlich so stabilisiert, dass ich nach wie vor im Revier arbeiten kann.